«Conozco el dolor, al derecho y al revés. Vivo íntimamente su brutal asalto, y a veces casi me convence de que se ha perdido toda esperanza. Es entonces cuando busco el tipo de esperanza sólida como una roca que es capaz de sobrevivir a los peores momentos. Para ser sincera, está ahí. Está disponible. Y es para ti. Ray Ortlund explica con ternura cómo encontrarla y abrazarla en su excelente libro *Buenas nuevas cuando tocas fondo*. Me encanta el estilo de Ray, siempre accesible, creíble y tierno con el corazón. El libro que tienes en tus manos es extraordinario, y anticipo que, al llegar a la última página, habrás encontrado la liberación llena de esperanza y el alivio que anhelas».

Joni Eareckson Tada, fundadora y directora ejecutiva, Joni and Friends International Disability Center

«Simeón había estado esperando el consuelo de Israel, pero lo que encontró fue a Jesús (Luc. 2:25), y ese consuelo de Cristo empapa cada página de este libro. Con comprensión y ternura, Ray Ortlund nos lleva una y otra vez a la omnipotencia e incomparable compasión de Cristo. Es teología pastoral en su máxima expresión: real, bíblica y profundamente reconfortante».

Sam Allberry, pastor asociado, Immanuel Nashville; autor, *One with My Lord* [Uno con mi Señor]

«Siempre que siento que estoy tocando fondo, Ray Ortlund es una de las primeras personas a las que llamo. No trata de espantar jovialmente el dolor. Ha visto lo que acecha en la oscuridad. Sin embargo, siempre salgo esperanzado, agradecido y sintiéndome vivo de nuevo. Eso es porque conoce la luz que brilla en la oscuridad. Al leer este penetrante libro, experimentarás el consejo de alguien que sabe lo mal que pueden ponerse las cosas y que puede ayudarte a ver lo bien que pueden resultar».

Russell Moore, editor en jefe de *Christianity Today*; autor de *Losing Our Religion: An Altar Call for Evangelical America [Perdiendo nuestra religión: Un llamamiento al altar para el pueblo evangélico de Estados Unidos]*

«Ray Ortlund escribe estas palabras como un amigo que está en las trincheras contigo, necesitando desesperadamente que Dios sea quien dice ser en Isaías 57:15. La noche antes de leer este libro, no me dejaba dormir la soledad, la culpa, la vergüenza y el miedo. La noche después de leerlo, no me dejó dormir la imposibilidad de procesar cuánto me ama Dios. *Buenas nuevas cuando tocas fondo* fue una carta de amor directamente de Dios a mí, a través de Ray. Confía en mí, ¡léelo! Ya estoy leyéndolo otra vez, ¡con mi esposa y mis hijos!».

Walker Hayes, cantante; compositor

«¡Este libro saturado del evangelio ha sido tan alentador para mí! Me encontré asintiendo en cada página mientras Ray Ortlund describía el dolor de la traición, el aislamiento de la soledad, la separación del pecado y la hermosa manera en que Dios se acerca a los quebrantados de corazón. Ortlund subraya e ilumina esta asombrosa verdad: Cuando tocamos fondo, descubrimos que Dios está más cerca de lo que nunca imaginamos, y es mejor de lo que jamás soñamos. ¡Recomiendo muchísimo este libro!».

Vaneetha Rendall Risner, autora, *Sedienta de esperanza* y *Cuando pases por el fuego*

BUENAS NUEVAS

CUANDO

TOCAS FONDO

RAY ORTLUND

Cómo encontrar a Dios en medio del dolor y la desesperanza

BUENAS NUEVAS *CUANDO* TOCAS FONDO

Buenas nuevas cuando tocas fondo: Cómo encontrar a Dios en medio del dolor y la desesperanza

Good New at Rock Bottom: Finding God When the Pain Goes Deep and Hope Seems Lost @2025 por Ray Ortlund

Publicado por Crossway, un ministerio de la Good News Publishing Wheaton, Illinois 60187, U.S.A.

B&H Publishing Group
Brentwood TN, 37027

Diseño de portada: Crossway

Clasificación decimal Dewey: 231.7
Clasifíquese: DIOS\ SUFRIMIENTO \ ESPERANZA

ISBN: 979-8-3845-2938-5

Impreso en EE. UU.
1 2 3 4 5 * 30 29 28 27 26

A la Iglesia Immanuel
y
a la Iglesia Anglicana San Patricio,
mis queridos amigos en Cristo

Contenido

Prefacio

GRACIAS POR TOMAR ESTE LIBRO. Mi plan aquí es pedirte lo menos que pueda y darte todo lo que pueda. Tienes una vida muy ocupada. Pero ahora que estamos juntos, literalmente en la misma página, aprovechémoslo al máximo.

Te prometo lo siguiente: Intentaré explicar el evangelio de Jesús de forma franca y útil para tus necesidades. No te mentiré. Y trataré de creer en el evangelio de forma franca y útil para mis propias necesidades.

Te pido lo siguiente: dale una oportunidad a Jesús. Ábrete a la posibilidad de que las buenas nuevas sobre Él sean relevantes para lo que realmente te importa, quizás más relevantes de lo que nunca te has atrevido a creer.

Por lo tanto, mis pensamientos sinceros, junto con tu valiente actitud receptiva… vamos a ver qué pasa.

Este libro comenzó como una serie de charlas los miércoles por la noche en la Iglesia Immanuel, en Nashville, en septiembre de 2023. Immanuel es una iglesia donde la gente puede sanar. Allí es donde yo me sané… ¡y era el pastor! Así que quería que esas charlas sirvieran para ese propósito noble. Pero aun así, me sorprendió la respuesta de la gente. Algo especial estaba sucediendo allí en esa habitación, y no era yo. Era más que todos nosotros juntos. Era el Señor mismo, con el toque sanador que solo Él puede dar.

Ahora, espero que este libro te traiga algo de esa sanidad a ti también, por Su gracia, no importa dónde estés ni lo que estés enfrentando.

Y ojalá pudiera darte un abrazo ahora mismo.

Porque así dice el Alto y Sublime
Que vive para siempre, cuyo nombre es Santo:
«Yo habito en lo alto y santo,
Y también con el contrito y humilde de espíritu,
Para vivificar el espíritu de los humildes
Y para vivificar el corazón de los contritos».

ISAÍAS 57:15

1

Muy arriba, muy abajo

NO ES NECESARIO QUE LO busques. Tarde o temprano, llega y te encuentra: algo horrible, alguna experiencia imprevisible e incluso inimaginable. Se te viene encima. Se apodera de ti. Te cambia. Y la realidad que siempre entendiste que era tu vida... de repente, esa vida desaparece para siempre. Ahora estás atascado en una realidad diferente, y no una que hayas elegido. Te la impusieron. Y como sea que haya sucedido, las cosas son diferentes para ti ahora. Y no para mejor.

Lamento desenterrar malos recuerdos para ti. Pero si nos sentamos en silencio ante el Señor durante un rato, creo que nuestros corazones pueden abrirse a algo nuevo: una esperanza fuerte, una sanidad profunda,

> para vivificar el espíritu de los humildes,
> y para vivificar el corazón de los contritos.

Así que, por favor, no cierres este libro. Tendré cuidado con todo lo que diga. Yo también tengo malos recuerdos.

¿Qué fue lo que te sobrevino? Tal vez fue una traición. Alguien se ganó tu corazón. Confiaste en esa persona y le entregaste tu corazón. Pero, al final, descubriste que no era genuina en sus intenciones. Tú sí lo fuiste… y te entregaste por completo. Pero el otro no lo hizo. Entonces lo viste, y te conmocionó. Hasta el día de hoy, el recuerdo, la sola idea, aún te resulta difícil de soportar. Y esa persona no va a volver para disculparse… nunca. Pero tu corazón sigue roto.

O tal vez fue una traición propia. Quizás fuiste tú quien cruzó una línea, sabiendo que estaba mal. Buscabas una emoción, escapar de tu aburrida vida. Sentías que te merecías algo emocionante para variar. Querías averiguar si aún tenías lo necesario. Pero ese pecado que tomaste en tus manos para jugar con él, solo por un rato… ahora te *posee*. Estás atrapado.

O quizás no sea culpa de nadie. Tal vez es solo la forma en que tu vida se ha desarrollado. Es como si nunca hubieras encontrado ese lugar al que realmente perteneces, o esa persona con la que quieres estar para siempre. Vayas donde vayas, te sientes como un extraño mirando hacia dentro. No detestas tu vida. Tienes mucho que agradecer. Pero te sientes solo, todos los días.

O tal vez se trate de una pérdida. Por ejemplo, a medida que envejeces. No solo pierdes tu trabajo. Pierdes tu vigor juvenil, tu propia salud. Ya no eres maravilloso. Te cansas solo de subir las escaleras. Y mañana habrá *más* pérdidas, quizás catastróficas. Te miras al espejo y piensas: «¿En serio? ¿Ese soy *yo*?». Y en cualquier momento, tu vida habrá terminado.

Podríamos seguir y seguir. Hay muchas formas de tocar fondo. Pero todo el mundo lo hace. Y eso significa que tú y yo tenemos mucho en común. Nuestros corazones rotos pueden unirnos. Eso es lo que espero que suceda cuando leas este libro.

Estamos juntos en esto

Ninguno de los dos quiere caer en la autocompasión. Eso no nos ayuda ni honra a Cristo. Lo que tú y yo queremos es tener la esperanza suficiente para seguir adelante con dignidad. Queremos afrontar la vida tal como es, sostenidos por Cristo. Sí, sufrimos angustia en el camino. Pero queremos sentirnos amados por Él, como solo pueden hacerlo los sobrevivientes.

Aceptamos —*profundamente*— que no hay un camino fácil en este mundo. Pero queremos recorrer *Su* camino, todo el camino. Él mismo es la prueba viviente de que la cruz conduce a la resurrección. El suyo es el *único* camino hacia la vida que es verdaderamente vida, incluso en el fondo del abismo… especialmente en el fondo del abismo. Nuestro dolor se ha vuelto demasiado real para conformarnos con cualquier «salvación» teórica. Ahora apostamos todo a que Jesús sea real para aquello que somos en verdad.

¿Y si seguimos juntos a Jesús, tú allí y yo aquí? Podemos descubrir, para nuestra sorpresa, que es en el fondo del abismo donde *Él nos encuentra*. De hecho, en el abismo de la pérdida y el desconcierto y los remordimientos y las lágrimas… *Él ya está ahí abajo*. Es donde habita, donde nos espera y nos acoge.

No es tan malo estar en el fondo del abismo con Jesús allí. Y también hay gente estupenda ahí, las mejores personas que he conocido. ¡Bienvenido a la fiesta! En esta fiesta, lloramos, pero también reímos. Nos reímos mucho. Y no necesitamos fingir alegría. Es más, no volveríamos a nuestras vidas por encima de la media por nada del mundo. Sentimos lo mismo que Martín Lutero.

> ¡Que Dios misericordioso me preserve de una iglesia cristiana en la que todos son santos! Quiero estar y permanecer en la iglesia y el pequeño rebaño de los pusilánimes, los débiles y los enfermos,

> que sienten y reconocen la miseria de sus pecados, que suspiran y claman a Dios incesantemente pidiendo consuelo y ayuda, que creen en el perdón de los pecados.[1]

Hay una razón por la cual hablamos de ir a «un lugar más profundo» con Cristo. Él sale a nuestro encuentro en nuestros peores momentos y en nuestras derrotas más bajas. Incluso nos lleva más profundo de lo que creíamos que necesitábamos ir. Si hubiéramos encontrado una manera más fácil, ¡nos habríamos conformado! Pero, como lo que queremos es una realidad sincera con Jesús, entonces la *única* manera de conocer quiénes somos en verdad es en las profundidades. Nuestras identidades falsas quedan expuestas como fraudes. Es doloroso. Pero cuando nuestros sueños egoístas se desvanecen hasta convertirse en nada, ahí es donde Jesús nos sorprende con todo lo que realmente queríamos desde el principio. Sin duda, no está celebrando a los ganadores triunfantes. Es «varón de dolores y experimentado en aflicción» (Isa. 53:3). Conoce el fondo del abismo de primera mano. Él *es* nuestra buena noticia cuando tocamos fondo.

Aquel que habita entre nosotros

Lo que más nos ayuda cuando necesitamos ayuda urgentemente es descubrir *quién es Jesús* para *personas como nosotros*. Su sabiduría es mejor que nuestro escapismo. Lo que queremos en lo profundo de nuestro ser es a Jesús mismo con nosotros, aun siendo lo que somos.

Por ejemplo, Anselmo, un teólogo del siglo XI, tuvo una conversación consigo mismo un día. Se desafió a «cambiar de tema» en

1 Martín Lutero, *Luther's Works*, vol. 22, *Sermons on the Gospel of St. John, Chapters 1-4* (St. Louis, MO: Concordia, 1957), 55, citado en *1 Corinthians*, ed., Scott M. Manetsch, *Reformation Commentary on Scripture* (Downers Grove, IL: InterVarsity Press, 2017), 29.

sus pensamientos, desde sus propias turbulencias a Dios. Anselmo se dijo sin rodeos:

> Vamos, hombrecito, huye por un momento de tus preocupaciones, escapa por un rato de tus agitados pensamientos. Deja ahora a un lado tus agobiantes preocupaciones, y aplaza tus fatigosos trabajos. Ríndete por un tiempo a Dios, y descansa un poco en Él. Entra en el lugar de descanso de tu alma; excluye todo menos a Dios y lo que te ayude a buscarlo. Y después de cerrar la puerta, búscalo. Di ahora, oh, todo mi corazón, dile ahora a Dios: «Busco tu rostro. Tu rostro, Señor, es lo que necesito».[2]

No sé qué habrá pasado después, ¡pero supongo que Anselmo tuvo un buen día! En nuestras ajetreadas vidas de hoy, puede ser aún más difícil acercarse a Dios. Pero tocar fondo abre esa puerta. Por fin estamos lo bastante desesperados como para apagar el ruido y acudir a Él. No llegamos a ese punto tan profundo mientras tomamos una limonada fría en una soleada playa, ¿verdad? Pero cuando nuestros corazones claman: «Tu rostro, Señor, es lo que *necesito*», es porque tenemos problemas. *Así que gracias, Señor, por los problemas.*

C. S. Lewis lo expresó muy bien en uno de sus relatos. Solo este fragmento del diálogo lo demuestra:

> «¿Y cómo se llama este valle?».
>
> «Ahora lo llamamos simplemente Valle de la Sabiduría; pero los mapas más antiguos lo señalan como Valle de la Humillación».[3]

2 Anselmo, *St. Anselm's Proslogion*, trad. al inglés: M. J. Charlesworth (Oxford: Clarendon, 1965), 110-11. He cambiado ligeramente la traducción.

3 C. S. Lewis, *The Pilgrim's Regress* (Grand Rapids, MI: Eerdmans, 1958), 125.

La Biblia es un mapa antiguo. Es franca y esperanzadora. Está pensada para verdaderos sufrientes a los que no les importaría recuperar su vida y volver a tener un futuro. Entonces, ¿qué tiene para decir la Biblia a personas como nosotros?

Donde Dios se encuentra con nosotros

> Porque así dice el Alto y Sublime que vive para siempre, cuyo
> nombre es Santo:
> «Yo habito en lo alto y santo,
> Y también con el contrito y humilde de espíritu,
> Para vivificar el espíritu de los humildes
> Y para vivificar el corazón de los contritos». (Isa. 57:15)

Hagamos lo siguiente: tomemos ese versículo en nuestras manos, démosle la vuelta una y otra vez como a una joya de valor incalculable, y veamos sus facetas de sabiduría antigua desde distintos ángulos. También podemos pensar que es como un caramelo duro. Nos lo metemos en la boca, le damos vueltas con la lengua y disfrutamos de todos los sabores.

Los poderes curativos de este versículo pueden llegar hasta las grietas más profundas de nuestra angustia. Mi plan, entonces, es mirar fijamente Isaías 57:15 durante un rato en cada capítulo de este libro. Seguiremos adquiriendo nuevos conocimientos a lo largo del camino.

Se ha citado al gran predicador Charles Spurgeon diciendo: «Es una locura pensar que el Señor proporciona gracia para todos los problemas menos para el que tienes hoy».[4] Nunca nos ayuda mirar a otra persona y pensar: «Ojalá tuviera su vida. La mía es una tremenda decepción». La verdad es que *no puedes* soportar la carga de esa vida deseada que cambiarías con gusto por la tuya. Sí, se ve bien.

4 No he podido confirmar la fuente.

Pero no fue hecha para adaptarse a *ti*. Acabarías odiándola. Y por la gracia de Dios, tú *puedes* soportar la carga de la vida que en realidad estás viviendo. Él te está elevando a tu verdadera dignidad y destino. Y en el camino, te animarán tus compañeros sufrientes mientras caminan contigo. Quiero que este libro sea una de esas palabras de ánimo. Si saboreamos Isaías 57:15 *durante el resto de nuestras vidas*, nos mantendrá en marcha.

Entonces, ¿qué podemos esperar que suceda, cuando el Alto y Sublime habita con nosotros en el fondo del abismo?

Primero, fijémonos en lo evidente: Isaías 57:15 se refiere a *Dios*. Y con razón. Nuestras experiencias dolorosas plantean *enormes* preguntas sobre Dios. Como por ejemplo: «¿Dónde estaba cuando más lo necesitaba?». Y la Biblia no siempre responde a nuestras preguntas. Lo que ofrece es una nueva forma de esperanza y de adoración, justo donde estamos.[5]

Por ejemplo, lo primero por lo que oramos en el Padrenuestro es «Santificado sea Tu nombre» (Mat. 6:9). ¿Ves esa prioridad de poner a Dios primero? Pero «santificado sea Tu nombre» *no* significa que el Señor esté diciendo: «Ya me ocuparé de *tus* problemas cuando me dé la gana». Nos está diciendo: «Te ayudaré más en tu dolor de hoy si me miras a mí primero. Aquí estoy, todo lo que soy. Tengo verdadera gracia para quien eres en verdad, como nadie más la tiene. Pero no subestimes la ayuda que te ofrezco subestimándome a mí». Si Dios no es tan importante, nosotros tampoco. Nada lo es.

Pero Isaías 57:15 nos ayuda a ver a Dios y a nosotros mismos y a todo lo que odiamos —sí, *odiamos*— con ojos nuevos. Analicemos nuestro versículo línea por línea:

5 C. H. Spurgeon, «Job's Resignation», en *The Metropolitan Tabernacle Pulpit Sermons*, vol. 42 (Londres: Passmore and Alabaster, 1896), n.º 2457: «¡Oh querido amigo, cuando tu pena te aplaste hasta el mismo polvo, adora allí!».

Porque así dice el Alto y Sublime.

Dios no se queda en silencio. Tiene algo grande que decirnos, algo de lo que quiere que estemos seguros. Isaías lo escribió, porque quiere que todos, hasta el final de los tiempos, sepan lo que el Dios de arriba tiene que decir a gente como nosotros. ¡Gracias, Isaías! En verdad «hay algo magnífico en estos profetas soñadores que están tan seguros de Dios».[6]

Isaías está declarando esto como un heraldo, un portavoz del Rey. Nos llama a prestar toda nuestra atención a una proclamación real. Como punto de comparación, cuando el brutal rey de Asiria atacó Jerusalén, su emisario gritó: «Así dice el gran rey, el rey de Asiria» (Isa. 36:4). Luego, prosiguió con su bla-bla-bla que hacía repiquetear los sables. Pero aquí, nuestro bondadoso Rey se abre paso entre el ruido airado de este mundo para hablarnos. ¿Cuál es ese mensaje?

Podemos pensar en Isaías 57:15 como la política interior del Rey. No se trata de su estado de ánimo en ese momento —no está *para nada* malhumorado—, sino de su postura firme hacia nosotros mientras nos abrimos paso, heridos y exhaustos, hacia Su reino. Dios ha llegado a un acuerdo que hace dos cosas hermosas a la vez: hace justicia a lo que Dios es, y trae misericordia al lugar donde estamos. El que es alto y sublime tiene misericordias para nosotros que estamos muy abajo. Y quiere que estemos *seguros* de eso.

En nuestro mundo de mentiras y manipulaciones, se destaca este pronunciamiento de nuestro fiel Rey. Todos los días, los anunciantes, los gobiernos e incluso los amigos pueden mentirnos. Pero ¡qué alivio es escuchar al que está muy por encima de toda la desgarradora fraudulencia de este mundo! Solo Él es «Fiel y Verdadero» (Apoc. 19:11).

6 Ralph S. Cushman, *Practicing the Presence: A Quest for God* (Nashville: Abingdon, 1936), 108.

No *adhiere* a esa norma. Él *es* la norma. El universo mismo tendría que implosionar antes de que el Santo nos mienta.

Así que estamos sentados en el borde de nuestros asientos, ansiosos por escuchar.

Pero, un momento. Isaías tiene más que decir sobre nuestro Rey. Si es «alto y sublime», ¿qué significa eso? ¿Y cómo nos ayuda Su grandeza allá arriba en nuestros problemas aquí abajo?

«Alto y sublime» no significa que Dios esté situado espacialmente por encima de nosotros, como si tuviéramos que estirar el cuello para verlo. Dios es espíritu (Juan 4:24). No tiene límites ni aristas.[7] La Biblia dice: «los cielos y los cielos de los cielos no te pueden contener» (1 Rey. 8:27). En otras palabras, la imponente majestad de Dios trasciende todas nuestras medidas: pulgadas, millas, años luz. Los patéticos dioses paganos eran los que estaban limitados y confinados. «Baal *de Peor*» (Núm. 25:3), por ejemplo, era como un jefe de la mafia en el barrio de Peor.

No caigamos hoy en la misma mentalidad. Si reducimos a Jesús a la medida de nuestra «visión» particular de Dios, estamos negando Su grandeza. ¡No es un Jesús de juguete! Al decir que es «alto y sublime», la Biblia está estirando la correa del lenguaje para describirlo. Palabras fuertes como *majestad*, *esplendor*, *gloria* y *magnificencia*[8] empujan nuestros pensamientos hacia arriba, hacia Su grandeza real. Él *excede* lo que esperamos, incluso lo que necesitamos. Es, y

7 Juan Calvino, *Institutes of the Christian Religion*, ed. John T. McNeill, trad. Ford Lewis Battles (Filadelfia: Westminster, 1960), 3.20.40: «No está confinado a ninguna región en particular, sino que está difundido [expansivo] a través de todas las cosas [*diffundi per omnia*]. [...] Dios está más allá de todo lugar, de modo que cuando queremos buscarlo, debemos elevarnos por encima de toda percepción del cuerpo y del alma. [... Él es] de infinita grandeza o majestuosidad, de esencia incomprensible, de poder ilimitado y de inmortalidad eterna».

8 Por ejemplo: «el Señor [...] vestido está de majestad» (Sal. 93:1); «En el glorioso esplendor de Tu majestad [...] meditaré» (Sal. 145:5); Jesús es «el resplandor de [la] gloria [de Dios]» (Heb. 1:3); «Alábenlo según la excelencia de Su grandeza» (Sal. 150:2).

merece ser, nuestro Rey. Su «dignidad majestuosa»[9] es el punto de Isaías.

Podemos alegrarnos de que Dios sea nuestro «Padre [...] *en los cielos*» (Mat. 6:9). Significa que es trascendente. Dondequiera que nos lleve la vida, arriba o abajo, a lo maravilloso o lo horrible, Dios ya está ahí, listo para nosotros en toda nuestra necesidad.

Mejoremos nuestros pensamientos sobre Dios. El gentil J. I. Packer lo dijo sin rodeos: «Si te has resignado a pensar que Dios te ha dejado tirado, busca la gracia para avergonzarte de ti mismo. Tal pesimismo incrédulo deshonra profundamente a nuestro gran Dios y Salvador».[10] Él es «de infinito poder, sabiduría y bondad; el Hacedor y Preservador de todas las cosas visibles e invisibles».[11] Seguro que no necesita nuestra ayuda, ¿verdad? *Solo Él* tiene «gracia sobre gracia» (Juan 1:16) para nuestra necesidad sobre necesidad.

Hace años, J. B. Phillips, el brillante traductor de la Biblia, escribió un libro titulado *Your God Is Too Small* [Tu Dios es demasiado pequeño]. En él, comienza con esta idea: A medida que pasamos de la infancia a la edad adulta, nuestros conceptos sobre la realidad se amplían: nuestros conocimientos históricos, nuestra conciencia psicológica, nuestras sensibilidades culturales y mucho más. Nuestros horizontes mentales se ensanchan en todas las direcciones. Pero si nuestros pensamientos sobre Dios no se desarrollan también, empieza a parecer más pequeño. Incluso puede encogerse hasta el punto de fuga. ¿Y cómo puede un adulto adorar a un Dios que parece superado por todo lo demás, especialmente por todo lo terrorífico? Phillips escribe sobre cada uno de nosotros: «Si, por un gran

9 John M. Frame, *The Doctrine of God* (Phillipsburg, NJ: P&R, 2002), 105.

10 J. I. Packer, *Knowing God* (Downers Grove, IL: InterVarsity Press, 1973), 79.

11 Los treinta y nueve artículos, 1, «Of Faith in the Holy Trinity», en *Creeds, Confessions, and Catechisms: A Reader's Edition*, ed. Chad Van DixHoorn (Wheaton, IL: Crossway, 2022), 115.

esfuerzo de voluntad, lo hace [seguir creyendo en Dios], siempre estará secretamente temeroso de que alguna nueva verdad pueda exponer la ingenuidad de su fe».[12]

No podemos sobrevivir, y mucho menos florecer, con pensamientos pequeños de Dios. Y Dios mismo comprende nuestra necesidad. Por eso nos dio Isaías 57:15. El que es «alto y sublime» se eleva por encima de todo lo que nos hace sentir pequeños y derrotados. Pero nada en Él puede ser contrarrestado por algo que haya en este mundo. No está esperando el permiso de nadie. No está empujando ninguna puerta que no se abre. Como nos enseñó a cantar Martín Lutero, nuestro Rey reina y «cual Él no hay en la tierra».[13]

Nos gusta estar bajo las estrellas en una noche despejada, mirar hacia arriba y maravillarnos ante la inmensidad del universo. Nos sentimos diminutos, pero también tranquilos. ¿Y si miramos aún más alto y vemos a Dios muy por encima del universo mismo? Empezamos a sentirnos más pequeños y más tranquilos todavía. No importa lo que enfrentemos, ver *a Dios* más claramente nos ayuda a respirar aliviados.

Ahora, la segunda línea:

Que vive para siempre, cuyo nombre es Santo.

Tú y yo experimentamos la realidad en pequeños incrementos, un momento tras otro, a medida que se desarrolla el tiempo. Pero Dios, en Su majestuosa eternidad, está igualmente presente en todos los puntos del tiempo a la vez. Para nosotros, el tiempo significa que tenemos que esperar… y *detestamos* esperar. ¡Amazon Prime basó

12 J. B. Phillips, *Your God Is Too Small* (Nueva York: Macmillan, 1953), v–vii.

13 «Castillo fuerte es nuestro Dios», Hymnary.org. https://hymnary.org/text/castillo_fuerte_es_nuestro_dios

su éxito en nuestra impaciencia! Pero Dios nunca se ve obligado a esperar. No está atrapado en el tiempo. Es quien lo inventó y está por encima de él. El tiempo está a Su *servicio*.

Así que ahí va el viejo Sr. Tiempo, dando vueltas, haciendo la voluntad de Dios, lento como la melaza, y a Dios le parece bien. Lo bueno es que Dios siempre está presente en el momento con nosotros. Él está *siempre* aquí y ahora. Y cuando cada nuevo segundo se abate sobre nosotros, a veces con una desagradable sorpresa, Dios nos ofrece la esperanza eterna.

Dios «habita la eternidad», dice Isaías (RVR1960). Él *vive* allí. Dios es *quien* es, *donde* está… lo que significa que puede prestarnos atención sin necesidades propias. Él es libre para estar *completamente dedicado* a nosotros todo el tiempo.

Más aún: «… cuyo nombre es Santo». Su «nombre» es la forma correcta de pensar en Él y de orar a Él. Su «nombre» lo hace accesible. Y sorprendentemente, Su nombre «Santo» es una categoría negativa. No quiero decir que sea una categoría mala. Pero «santo» significa que Dios *no es* como nosotros.

> … Porque Yo soy Dios y no hombre,
> el Santo en medio de ti… (Os. 11:9)

Por ejemplo, la Biblia describe a Dios con muchas imágenes maravillosas: un león, una roca, un pastor, etcétera. Pero Su nombre «Santo» significa que todas estas metáforas, aunque nos dan una visión real de Dios, también se quedan cortas. ¿Es acaso como una roca? Sí. ¿En qué sentido? Es firme y sólido. Pero Dios también es tierno. Y ninguna roca de este mundo es tierna. Y *todo* sobre Dios es «santo» en este sentido: diferente, y mejor.

Su santidad no es un rasgo más junto a otros: Su soberanía, bondad, poder, etc. *Todo* sobre Dios es santo: soberanía santa, bondad santa, poder santo, y todo el resto de Él. Por eso Su *nombre*, Su identidad misma, es Santo: diferente, y mejor.

Dejemos siempre espacio para que Dios supere nuestros pensamientos más elevados sobre Él. Pensar en Dios es lo más noble que podemos hacer. Pero nunca llegaremos a comprenderlo del todo. Él siempre seguirá sorprendiéndonos.

Esas son las dos primeras líneas de Isaías 57:15. Hasta ahora, sabemos que Dios está por encima de toda la creación, eternamente inmutable, y que es mejor que nuestros pensamientos más sublimes sobre Él.

Ahora, en las líneas tres y cuatro, habla el propio Rey:

> Yo habito en lo alto y santo,
> Y también con el contrito y humilde de espíritu.

Esas dos líneas responden a una pregunta personal urgente: *Cuando todo está en juego para nosotros, ¿dónde podemos encontrar a Dios?* Y la respuesta es que se puede encontrar a Dios en dos lugares opuestos: muy arriba, donde *no podemos* ir, y muy abajo, donde *sí podemos* ir. El lugar «alto y santo» es Su palacio real en el cielo. Es un lugar real. Los ángeles también viven allí. Y el lugar opuesto donde se puede encontrar a Dios es abajo, con todo aquel que es «contrito y humilde de espíritu»: la gente devastada y que ha tocado fondo. He aquí, pues, las dos direcciones de Dios: arriba y abajo.

Pero Dios *no* establece Su morada en el medio, en el espacio social que yo llamo «el medio blando». Todos entendemos ese lugar. Es donde a la gente le va bastante bien. Los hijos están por encima de la media, la carrera va por buen camino y la vida básicamente funciona. Y la «iglesia» es una opción de fin de semana para mejorar una vida ya de por sí agradable y hacerla aún más agradable, subiendo quizás de 6 a 7 en una escala del 1 al 10. Ese es el mundo que yo llamo «el medio blando».

Muchos viven allí. Muchos más *quieren* vivir allí. Es donde por fin conseguimos el prestigio que queremos, la superioridad, el control, el distanciamiento seguro. Es donde se reúnen «los chicos populares». ¿Y a quién no le gustaría ser invitado a sus fiestas?

Algunas iglesias se dedican al medio blando. Su «Jesús» es el capellán de su *statu quo*. Nunca juzga, siempre aprueba, y se cuela sin chistar en el margen de sus ajetreadas rutinas. Conoce Su lugar. De hecho, se siente afortunado de contar con la atención de la iglesia durante una hora entera un domingo por la mañana. Pero Isaías ve ahí un problema. *El que es Alto y Sublime, que vive para siempre, cuyo nombre es Santo… el medio blando no es Su morada.*[14]

Por supuesto, Dios puede llegar a cualquier persona en cualquier lugar. Algunas personas de ese mundo lo aman. Pero la vida aún no las ha obligado a descubrir *cuán real es Él.* Incluso podrían mirar a alguien que es «contrito y humilde de espíritu» y sentir lástima por él. Es fácil ir a la iglesia en el medio blando, pero es difícil sentirse abrumado ante Dios allí. El objetivo de ese mundo es apuntalar un paraíso terrenal hecho por el hombre. He aquí la tragedia de ese ideal de ensueño:

> Porque el Señor es excelso, y atiende al humilde, pero al altivo conoce de lejos. (Sal. 138:6)

> Porque grandes cosas me ha hecho el Poderoso; y santo es Su nombre. […]

14 Louis Berkhof, *Systematic Theology* (Grand Rapids, MI: Eerdmans, 1972), 134: «[Dios está] presente en todas Sus criaturas, *pero no está presente en cada una de ellas de la misma manera*». Cursiva añadida.

Ha quitado a los poderosos de sus tronos; y ha exaltado a los
humildes;
A los hambrientos ha colmado de bienes y ha despedido a los
ricos con las manos vacías. (Luc. 1:49, 52-53)

¿Qué pasa con eso de «contrito y humilde», entonces? Nuestro futuro depende de esas palabras. Esto es lo que significan. La palabra «contrito» equivale a aplastado, devastado, abatido. Y la palabra «humilde» significa humillado, degradado, disminuido en valor.[15]

Esos sufrimientos nos llevan al fondo del abismo, *justo donde habita el Alto y Sublime.*[16]

¿Qué hace el sublime y santo Dios con un puñado de perdedores? *¿Qué sucede en el fondo del abismo?* Nos lo dice en las dos últimas líneas de nuestro versículo:

… para vivificar el espíritu de los humildes
y para vivificar el corazón de los contritos.

Piensen lo que piensen los demás de ti, el Cristo resucitado no te desprecia. No se pregunta cuándo por fin «lo entenderás» y te unirás a los peces gordos de este mundo. El Cristo sublime y santo se acerca con ternura al herido, al desesperado: «Ofrece vida a aquellos a quienes la vida les ha sido casi aplastada; ofrece vida a aquellos cuyo espíritu ha sido reducido a la nada».[17]

15 J. Alec Motyer, *Isaiah: An Introduction and Commentary* (Downers Grove, IL: InterVarsity Press, 1999), 358.

16 Herman Bavinck, *The Wonderful Works of God* (Glenside, PA: Westminster Seminary Press, 2019), 117: «*Precisamente porque* Dios es el Alto y Sublime, y vive en la eternidad, también habita con aquellos que son de espíritu contrito y humilde (Isaías 57:15)». Cursiva añadida.

17 John N. Oswalt, *The Book of Isaiah: Chapters 40–66* (Grand Rapids, MI: Eerdmans, 1998), 488.

Lo que le *encanta* hacer es devolvernos suavemente la esperanza… no la ambición de volver al medio blando, sino la felicidad de vivir cerca de *Él,* dondequiera que *Él* habite. Nos revive, pone un corazón renovado en nosotros, ayudándonos a creer de nuevo que tenemos una vida que vale la pena vivir, mejor que *cualquier cosa* en una escala mundana del 1 al 10. Nos revive al darse a sí mismo más vívidamente de lo que nunca antes habíamos conocido… *y* al darnos los unos a los otros.

Estoy añadiendo «los unos a los otros» a la imagen ahora por una razón. Los «humildes» y los «contritos» en estas dos líneas están en *plural,* tanto en español como en el texto hebreo. Dios comenzó hablando de un individuo: «Y también con el contrito y humilde de espíritu». Pero ahora, «los humildes» y «los contritos» son un grupo de personas, *una comunidad unida en el fondo del abismo.* Atraídos por Él, nos unimos. Empezamos a experimentar la verdadera comunidad, quizás por primera vez.

¿Qué está haciendo Dios entre nosotros? Nos está envolviendo con Sus brazos, amándonos a nosotros, los que ya no somos los de antes, los exiliados, en Su propia querida familia. Somos un desastre, pero somos *Su* desastre. Esa hermosa comunidad es la que podemos experimentar cada domingo en una iglesia sana.

¡Así que nos *encanta* el fondo del abismo! *Jesús* está aquí. *Nosotros* estamos aquí. Aquí están las personas más sinceras, amables y relajadas que puedas conocer. ¡No volveríamos al medio blando ni por todo el dinero del mundo!

Seguiremos volviendo a Isaías 57:15. Hay mucho más para disfrutar.

Dos reflexiones para cerrar

En primer lugar, si tu corazón roto está empezando a sentirse un poco menos aislado y más incluido, entonces tal vez Charles Spurgeon pueda hablar por ti. Al recordar su conversión a Cristo, dijo:

> Sentía que no podía ser feliz sin la comunión con el pueblo de Dios. Quería estar donde ellos estuvieran. Y si alguien los ridiculizaba, yo deseaba ser ridiculizado con ellos. Y si la gente les ponía algún apodo feo, yo quería que me llamaran por ese apodo feo. Porque sentía que, a menos que sufriera con Cristo en Su humillación, no podía esperar reinar con Él en Su gloria.[18]

Espero que tu corazón también diga lo mismo. El mío sin duda lo dice. Estoy harto de buscar la aprobación de la gente equivocada.

En segundo lugar, si tu corazón aún está destrozado por heridas profundas que tardan en cicatrizar, he aquí un pensamiento del mismísimo Jesús. Declaró: «No se turbe su corazón; crean en Dios, crean también en Mí» (Juan 14:1). En Isaías 57:15, Dios nos dijo que habita muy arriba y muy abajo. No podemos *merecer* a alguien así. Lo único que nos pide es que *creamos* en Él. Y cuando nuestra fe se abre, Su presencia aparece.

Este Dios alto y santo, que habita entre los humildes, *Él mismo* es humilde. Jesús dijo que era «manso y humilde de corazón» (Mat. 11:29). No es de extrañar, entonces, que le *guste* habitar entre los humildes. Y te invita a *creerlo*: «Crean en Dios, crean también en Mí». ¿Lo harás? Él te guiará desde ahí.

Así que tal vez ya haya comenzado una conversación entre tu alma herida y el Cristo vivo. Podría ser algo como lo siguiente:[19]

> ALMA: Estoy tan triste, tan confundido. Ya no sé qué pensar.
> CRISTO: No se turbe tu corazón. Cree en Dios, cree también en mí.
> ALMA: Pero no entiendes. Soy débil, inestable. Te decepcionaré.

18 C. H. Spurgeon, *Autobiografía*, vol. 1, *The Early Years* (Edimburgo: Banner of Truth, 1985), 145.

19 Tomo prestada esta línea de pensamiento de John Bunyan, *Come and Welcome to Jesus Christ* (Edimburgo: Johnstone and Hunter, 1855), 147.

CRISTO: No se turbe tu corazón. Cree en Dios, cree también en mí.

ALMA: Pero, ¿y si encuentras en mí pensamientos y sentimientos descabellados? En un mal día, puedo llegar a ser ridículo.

CRISTO: No se turbe tu corazón. Cree en Dios, cree también en mí.

ALMA: Mira, es difícil para mí admitir esto. Pero resulta que tengo algunos hábitos inmundos que ni te imaginarías.

CRISTO: No se turbe tu corazón. Cree en Dios, cree también en mí.

ALMA: ¡Lo entiendo! ¡Lo entiendo! Pero si acepto, si empiezo a creer en ti, ¿serás paciente conmigo mientras tropiezo en el camino?

CRISTO: Dame una oportunidad. Te demostraré quién soy.

ALMA: De acuerdo. Bueno. Creo.

CRISTO: Estoy completamente comprometido. Y nunca te dejaré ni te abandonaré.

Preguntas para la reflexión y el debate

1. Es difícil pensar en eso, lo sé. Pero, hasta ahora, ¿cuál ha sido tu peor experiencia de tocar fondo en la vida? ¿Y qué hizo que fuera horrible para ti?

2. Dos perspectivas sorprendentes nos ayudan a afrontar nuestra vida con nuevo valor: (1) *quién es Jesús*; (2) *dónde está Jesús*. Isaías 57:15 explica ambas cosas. ¿Qué aspectos de este versículo te dan más energía? ¿Y por qué te parecen convincentes?

3. La gente tiene razones para querer vivir en «el medio blando». Quizás hubo un tiempo en que tú también lo quisiste. En caso afirmativo, ¿qué era lo que más deseabas para ti de ese mundo? ¿Y qué has perdido hasta ahora?

4. ¡«Contrito y humilde» no suele figurar en nuestras listas de objetivos vitales o ambiciones profesionales! Pero a medida que lo piensas, ¿cómo se van haciendo más esperanzadoras e incluso deseables esas dos categorías?

5. En un principio, la palabra «vivificar» podría sugerir un extraño y anticuado fervor religioso. Pero Isaías tenía mejores cosas en mente. ¿Cómo describirías el cuadro que está pintando con esta palabra «vivificar»?

6. Considerando Isaías 57:15 en su conjunto, y teniendo en mente tu sufrimiento más profundo, si Dios te ofreciera solo una parte de este escenario vivificante que Isaías describe, ¿qué aspecto le pedirías? ¿Y por qué *ese* regalo?

7. Tal vez en este punto te gustaría escribir una oración. Puedes elevar tu deseo a Dios ahora mismo. Utiliza tus propias palabras. Él entiende. De hecho, ¡arregla nuestras oraciones mientras se dirigen hacia arriba!

Porque así dice el Alto y Sublime
Que vive para siempre, cuyo nombre es Santo:
«Yo habito en lo alto y santo,
Y también con el contrito y humilde de espíritu,
Para vivificar el espíritu de los humildes
Y para vivificar el corazón de los contritos».

ISAÍAS 57:15

2

Traicionado

CUANDO NUESTRAS VIDAS SE DESMORONAN, realmente necesitamos ayuda y nos preguntamos si podemos seguir adelante, *¿dónde podemos encontrar a Dios?*

Como hemos visto, la Biblia dice que Dios habita en dos lugares opuestos a la vez: arriba, en Su lugar santo, donde no podemos ir, y abajo, entre los humildes y contritos, donde sí podemos ir. Pero puede ser difícil encontrar a Dios en el medio blando.

Ese mundo de privilegios y ventajas, donde el dinero tiene el poder de mantener los problemas fuera y el placer dentro, donde podemos tener «éxito» sin Dios, ese falso cielo es una cómoda trampa. Trivializa a Jesús como una mejora del estilo de vida. No es alto y elevado, no es eterno y santo. Sencillamente, no tiene *tanto* valor.

Isaías 57:15 cambia cómo lo percibimos a *Él,* lo que también cambia dónde queremos vivir *nosotros*. Dondequiera que esté, allí es donde encontraremos todo lo que realmente necesitamos. Nuestro Señor debe ser fácil de encontrar allá arriba en Su gloria celestial. ¡Los ángeles están sobrecogidos delante de Él constantemente! Nuestro Señor también es fácil de encontrar en el fondo del abismo. ¡Tantos santos pueden dar fe de ello! Pero ese espacio intermedio de deseos mundanos, con atascos de remolques que se agolpan cada día para mudarse allí… ahora lo vemos de otra manera, ¿no?

Ahora que es *Dios* a quien queremos, tocar fondo puede empezar a parecerse al jardín del Edén.

El rey David lo entendía. Habló de cuando su vida pendía de un hilo:

> Con mi voz clamé al SEÑOR,
> y Él me respondió desde Su santo monte. (Sal. 3:4)

No pasemos por alto la sorprendente geografía —tanto literal como metafórica— de ese versículo.

> El Salmo 3:4 muestra a Dios en la cima del monte Sión, a más de 700 metros (2500 pies) sobre el nivel del mar. Mientras ora este salmo, David se encuentra en el Valle del Jordán, a casi 800 metros bajo el nivel del mar, literalmente el punto más bajo de la tierra. […] El lenguaje pretende llamar la atención tanto sobre la profundidad de la difícil situación de David como sobre el Dios trascendente que lo gobierna todo.[1]

Al parecer, a nuestro Salvador le encantan estos extremos: bien arriba, bien abajo. Debe significar que no es demasiado glorioso como para molestarse con nosotros aquí abajo; es demasiado glorioso como para *no* preocuparse por nosotros.

Lamentablemente, no todos los lugares que dicen ser «cristianos» nos ayudarán. Algunos podrían rompernos el corazón aún más

1 Bruce K. Waltke y Fred G. Zaspel, *How to Read and Understand the Psalms* (Wheaton, IL: Crossway, 2023), 55.

profundamente. Pero, al poner toda nuestra esperanza en el verdadero Jesús, nos paramos firmemente aquí. «Si tu religión no te ayuda, no es religión para ti; es mejor que estés sin ella».[2] Por lo tanto, con gusto *descendemos* a la morada de Dios, donde Él trae ayuda real para los que sufren de verdad.

Isaías 57:15 es una buena noticia, ¿verdad? Cuando hemos perdido tanto que tememos quedarnos atrapados en una existencia de Plan B, *ahí es donde Dios habita*. Cuando tropezamos con Su presencia sanadora, Él nos recibe con una pregunta dulce: «¿Quieres un abrazo?». ¿Recuerdas a ese padre cuyo corazón anhelante esperaba que su hijo pródigo volviera a casa? «Su padre lo vio y sintió compasión por él, y corrió, *se echó sobre su cuello* y lo besó» (Luc. 15:20). ¿Te gustaría ese abrazo de tu Padre?

Tal vez aún estés inquieto. Quizás sospechas que lo que Dios realmente quiere es reprenderte: «¡Si hubieras prestado atención, no estarías aquí abajo!». Pero la Biblia dice lo contrario. Lo que Dios quiere es «vivificar» el espíritu de los aplastados y devastados. Lo que quiere es *infundirte vida nueva*. Isaías 57:15 no está exagerando. Su mensaje esperanzador ni siquiera es excepcional. Este versículo es una *verdad bíblica clásica*.

James Muilenburg, en su comentario de 1956 sobre Isaías, escribe: «Todo el Nuevo Testamento ofrece un comentario continuo sobre estas palabras».[3] Y John Oswalt, en su comentario de 1998, llama a Isaías 57:15 «uno de los mejores resúmenes de teología bíblica de una sola oración que hay en la Biblia».[4]

Antes, en el Antiguo Testamento, el Salmo 34 dice:

2 Mark Rutherford, *The Revolution in Tanner's Lane* (Nueva York: Cape and Smith, 1929), 266.

3 James Muilenburg, «The Book of Isaiah», en *The Interpreter's Bible*, ed., George A. Buttrick, vol. 5, *Ecclesiastes, Song of Songs, Isaiah, Jeremiah* (Nueva York: Abingdon, 1956), 672.

4 John N. Oswalt, *The Book of Isaiah: Chapters 40–66* (Grand Rapids, MI: Eerdmans, 1998), 487.

> Cercano está el Señor a los quebrantados de corazón,
> Y salva a los abatidos de espíritu (Sal. 34:18).

Y «los abatidos de espíritu» traduce allí la misma expresión que «contritos» en Isaías 57:15. Dios no está distante de las personas devastadas, sino que está muy cerca: «El Señor Jesús sabe lo que es estar abatido de espíritu».[5]

Pero el Salmo 34 también dice: «El rostro del Señor está contra los que hacen mal» (v. 16). Ellos «hacen mal» al elegir la comodidad, el control y la relevancia en lugar del abrazo del Padre. El medio blando es donde *quieren* habitar, precisamente porque Dios *no* habita allí. Ese deseo es malo. Y engendra más males, como vemos cada día en este mundo.

C. S. Lewis explica la asombrosa elección a la que se enfrenta cada uno de nosotros:

> Se nos advierte que a cualquiera de nosotros nos puede suceder presentarnos por fin ante el rostro de Dios y oír solo las espantosas palabras: «Jamás los conocí; apártense de Mí». [...] Podemos quedarnos total y absolutamente fuera: repelidos, exiliados, alejados y, por último, inefablemente ignorados. Por otro lado, podemos ser llamados, acogidos, recibidos, reconocidos.[6]

Esto fue lo que Jesús dijo de los humildes y contritos que se derrumban en los brazos del Padre: «Bienaventurados los pobres en espíritu, pues de ellos es el reino de los cielos» (Mat. 5:3). La palabra «bienaventurado» no es un cliché piadoso. Esa palabra tan fuerte es una alegre

5 Dane Ortlund, *In the Lord I Take Refuge: 150 Daily Devotions through the Psalms* (Wheaton, IL: Crossway, 2021), 94.

6 C. S. Lewis, *The Weight of Glory and Other Addresses* (Grand Rapids, MI: Eerdmans, 1974), 12.

felicitación. Jesús está *felicitando* a los pobres en espíritu. Los mira con radiante aprobación y les dice: «¡Así se hace!». ¿Quiénes son esos afortunados? ¿Quiénes son los que acaban, no en el banquillo, sino en el campo de juego con el equipo, celebrando su victoria en el campeonato, y luego en el vestuario agitan botellas de champán y se rocían unos a otros por el puro placer de hacerlo, y después salen juntos a la fiesta posterior al partido y bailan toda la noche? ¿Quién puede conseguir *ese* gozo? No los peces gordos fanfarrones de este mundo. Jesús los ignora. Los que celebran de verdad son los pobres en espíritu, que no tienen nada que ofrecerle salvo su derrota. Él los felicita *a ellos* como los ganadores. Los recibe *a ellos* en Su reino. En ellos habita el Alto y Sublime.

Tenerlo cerca es nuestro único «éxito», si es que esa es la palabra adecuada. A todo el que tenga suficientes remordimientos como para saber que Su gracia es su última esperanza, Jesús le abre *los tesoros de sí mismo* para siempre. ¿Y los engreídos que se creen superiores en su espacio de autoexaltación en el medio? Lo único que tienen es *su persona*, y *para siempre*.

He aquí otro versículo del Nuevo Testamento, cerca del final de la Biblia: «*el que tiene sed,* venga; y *el que desee,* que tome gratuitamente del agua de la vida» (Apoc. 22:17). Todo lo que necesitas es necesidad: en la forma de sed ardiente, de deseo insatisfecho. Donde habita Cristo, tu carencia es tu riqueza. *No desees que desaparezca. Llévasela a Él. Sigue llevándosela.* Él te invita a acercarte, te invita a tomar lo que necesites… en forma gratuita. Ya pagó el precio en la cruz. Como dijo Spurgeon: «Cuando Jesús es el anfitrión, ningún invitado se va vacío de la mesa».[7]

Lo que hace que nuestros corazones se abran más profundamente a Su amor es que perdamos todo menos Su amor. Allí, en nuestra

7 Charles Haddon Spurgeon, *Morning and Evening* (1874; reimp., Grand Rapids, MI: Zondervan, 1955), 19 de marzo, tarde.

devastación, nos acoge con una felicidad real y un propósito satisfactorio. Es la vida real que quería para nosotros desde el principio.

La legendaria Barbra Streisand dijo que, después de grabar un álbum, está tan cansada de las canciones que «no vuelvo a escuchar mis discos durante unos diez años. [...] De verdad, me hartan». Y añadió: «Por eso dejé los conciertos. [...] Es aburrido cantar tus propias canciones».[8] Todos somos bastante aburridos, ¿verdad? Pero Jesús *vivifica* nuestros espíritus. Por eso Isaías 57:15 está en forma poética. ¿Lo notaste? El verso no es prosa. Es poesía. ¿Cómo podría tal esperanza *no* expresarse en poesía? Algo tan improbable, tan glorioso —que el Dios todopoderoso de lo alto descienda hasta lo más bajo para habitar con nosotros, dando lo mejor de sí mismo a lo peor de este mundo—, ¡hace falta poesía para decirlo!

¿No es Isaías 57:15 un versículo asombroso?

Ahora, hagamos brillar la luz de esta esperanza en un lugar oscuro dentro de cada uno de nosotros: el dolor de la traición. Una de las formas más comunes de tocar fondo es cuando alguien traiciona nuestra confianza y rompe profundamente nuestro corazón. ¿Cómo es que Dios habita entre nosotros, con Su ayuda que vivifica el corazón, *entonces*?

¿Qué es la traición?

La traición *no* es lo mismo que la desilusión. Es una distinción importante. No quiero acusar a alguien de traición si lo único que ha hecho es decepcionarme. La decepción puede ser culpa mía. Quizás mis propias expectativas se vieron defraudadas. La imagen que pinté en mi mente no se hizo realidad. No es culpa de la otra persona.

8 «Streisand 'Bored by Her Own Songs», *BBC News*, 24 de septiembre de 2003, http://news.bbc.co.uk/2/hi/entertainment/3134596.stm.

La traición es diferente. La traición no son expectativas defraudadas, sino promesas rotas: promesas que otro te hizo a ti o a mí, clara y libremente. Y eso *es* grave, y gravemente perjudicial.

La traición se produce cuando una persona, un grupo o una institución te hace promesas y tú crees en ellas. Te abres y te acercas a esas personas, les entregas tu corazón, de modo que algo profundo en ti está en riesgo en tu relación con ellas. Pero luego, faltan a su palabra. Quebrantan tu confianza. Y puede que incluso te echen la culpa a ti, para justificarse. Te das cuenta de que lo que realmente les importa es su relato de grandiosidad exitosa. Y cuando tienen que elegir entre tus derechos y su relato, ya no importas. Sus compromisos contigo se esfuman, no hay nada real y te desechan. Eso es traición.

Algunos ejemplos obvios: los votos matrimoniales se rompen por infidelidad o abandono; se filtra información confidencial sobre ti y te humillan públicamente; una amistad que creías sincera resulta ser un cálculo de costo-beneficio, y descubres que eres prescindible; un amigo no da la cara por ti cuando te atacan, y tu amigo opta por pasar desapercibido y esperar a que pase el problema. La traición adopta muchas formas. Pero siempre implica una violación de la confianza. El dolor es profundo.

Para mí, esto no es teórico. Así fue como toqué fondo. Mi experiencia de traición fue desconcertante. Al crecer en un hogar feliz y en una iglesia saludable, haberme casado con mi increíble esposa, haber tenido nuestros preciosos hijos y al disfrutar del ministerio cristiano, nunca había experimentado la cuchillada de la traición en un nivel tan primordial de mi ser. La herida era profunda.

Por ejemplo, yo siempre había dormido bien. Pero ahora me despertaba por la noche, quizás dos o tres veces por semana, alucinando. Al despertarme sobresaltado, veía intrusos que entraban en nuestro dormitorio, como por el techo o por una grieta en la pared que ni siquiera está ahí. Y durante quince o veinte segundos, esos intrusos, que entraban como asesinos, parecían totalmente reales. Hasta el día de hoy, no puedo relajarme para ir a la cama por la noche hasta que no he comprobado todas las cerraduras de las puertas. También cierro la puerta de nuestro dormitorio. Y sigo sintiendo ansiedad cuando me acuesto para dormir. Es una locura, lo sé. Racionalmente, la seguridad de nuestro hogar es obvia. Pero emocionalmente, nunca he encontrado ese botón de «apagado» para apretarlo y hacer que desaparezca. Jani y yo vivimos en un barrio seguro. Pero esa realidad es anulada por algo más profundo dentro de mí.

Si tú también eres así, entonces veo una ventaja para nosotros. Estamos *juntos* en este desastre. Gracias por leer este libro. Gracias por confiar en mí y darme una oportunidad. Uno de los resultados positivos de esa angustia en mi vida es un regalo que Dios me hizo cuando había tocado fondo. Para mí, es un regalo precioso. Y no podría haberlo recibido en ningún otro lado. Pero ahí abajo, Dios puso dentro de mí un intenso deseo de cuidar a los demás, tranquilizarlos, protegerlos. Me metió en el corazón la profunda determinación de que *nadie* dentro de mi ámbito de influencia iba a ser maltratado jamás. ¡De ninguna manera! Por la gracia de Dios, mi presencia será un lugar seguro donde las personas heridas puedan relajarse y curarse, para gloria de Dios.

La traición nos recuerda a Judas Iscariote, por supuesto. El verbo del Nuevo Testamento que describe lo que Judas le hizo a Jesús —una palabra terrible que utiliza el propio Judas, traducida como «traicionar» (NTV) o «entregar» en Mateo 26:15— significa vender a alguien, abandonar a alguien, darlo en manos de otro. En otras palabras, el traidor toma el control.[9] Eso es más que decepcionante. Es aterrador.

9 *The Cambridge Greek Lexicon*, ed. James Diggle, 2 vols. (Cambridge: Cambridge University Press, 2021), 2:1065: «entregar (lo que está a cargo o en posesión de uno) a otro».

¿Por qué la traición nos destroza tan profundamente?

La traición nos aplasta porque las relaciones *reales* se construyen sobre la confianza. La verdadera amistad se basa en el cimiento de una fidelidad sólida con la que podemos contar en las buenas y en las malas. Cuando confiamos en alguien, asumimos un riesgo. Le entregamos algo de nosotros mismos, de lo más profundo de nuestro ser. Nos volvemos vulnerables. Si se quebranta nuestra confianza, no solo cambian nuestros planes. Nuestro corazón se rompe. No podría ser más personal ni sentirse con mayor agudeza.

La Biblia nos ayuda a comprender *por qué* hay tanto en juego con estos lazos que formamos juntos. No somos seres triviales, no de la manera en que Dios nos creó. Y la gloria de todo ello brilla con más intensidad en nuestras relaciones… o así debería ser. Las Escrituras nos muestran la gloria bien profunda, *la gloria divina*, en las relaciones humanas fieles. Lo vemos una y otra vez en uno de los temas centrales de la Biblia: el *pacto*.

Por ejemplo, el prefacio de toda la Biblia es Génesis 1–11. Allí, Dios le dice a Noé: «Estableceré mi pacto contigo» (Gén. 6:18). ¿Qué hacía Dios al decir eso? Se estaba *comprometiendo*. No tenía por qué hacerlo. Nadie se lo pidió siquiera. Pero Dios se involucró, de buena gana, sinceramente. Se autoimpuso una obligación, de modo que no podía echarse atrás, le costara lo que le costara.[10] ¿Por qué iba Dios a jugarse el cuello de ese modo? Porque le importa. Realmente se preocupa por este mundo en ruinas. Y se ha comprometido a llevarnos hasta el final, hasta donde nuestra felicidad nunca acabará.

Fidelidad de pacto sólida como la roca: Dios resume la belleza de la fidelidad de pacto cuando nos dice repetidamente: «Yo seré su

10 Bruce K. Waltke, *An Old Testament Theology: An Exegetical, Canonical, and Thematic Approach* (Grand Rapids, MI: Zondervan, 2007), 287: «*Pacto* significa “compromiso solemne que hace una persona de contraer una obligación”».

Dios y ustedes serán mi pueblo» (ver Gén. 17:7; Ex. 6:7; etc.). En otras palabras: «Esta es mi solemne promesa para ti, para siempre y por siempre. Yo seré *Dios* para ti... con todo lo que eso implica. Y ustedes serán *mi pueblo*... mis muy amados. Estaremos *siempre* juntos, me cueste lo que me cueste». Y esto es lo que quiero decir. Vivir juntos con ese sentido de pacto es la gran categoría que envuelve todo lo demás en toda la Biblia (Gál. 3:15-29). Es *la* perspectiva clave para la realidad definida por Dios en la que vivimos.

He aquí por qué me parece asombroso. *Pacto* significa que nos hemos lanzado en paracaídas a un universo en el que la realidad suprema no es la política, ni siquiera la física, sino las relaciones: relaciones personales, duraderas y hermosas de promesas hechas y promesas cumplidas. Se trata de *quién es Dios*, y de aquello para lo cual Dios nos hizo *a nosotros*. Otros dioses no son de pacto. «La idea de un pacto entre una deidad y un pueblo es impensada en otras religiones y culturas».[11] La vida de pacto es singularmente cristiana. Y si un Dios que guarda el pacto nos creó para que fuéramos un pueblo que guarda el pacto de forma colectiva, entonces violar la confianza no es solo la traición a un amigo. Implica apuñalar a Dios por la espalda.

Todos tenemos que admitir cómo hemos defraudado a los demás. Pero parte del pacto de Dios con nosotros es ayudarnos incluso ahí. Él promete crear en nosotros corazones nuevos que *harán* lo correcto, pase lo que pase (Jer. 31:31-34).

Lo importante es esto. Las relaciones de pacto, de compromiso y confianza no son un invento humano que podamos modificar a nuestra conveniencia. La belleza de una fidelidad costosa es un don divino digno de nuestra reverencia. La vida de pacto es esencial para el florecimiento humano. Vivimos juntos en comunidad al

11 Moishe Weinfeld, «berith», *Journal of the American Oriental Society* 90 (1970): 278, citado en Waltke, *An Old Testament Theology*, 148.

hacer promesas y cumplirlas. Dios dignifica *todas* nuestras relaciones mutuas con dinámicas de pacto.

Esto nos afecta profundamente en la práctica. Cuando entro en una habitación, en ese momento les debo literalmente lo mejor de mí a todos los que están allí. Y ellos también me deben lo mejor. No siempre lo hacemos como debiéramos. Pero seamos claros en nuestra resolución de ser fieles los unos a los otros, por la gracia de Dios. *La esencia de nuestra belleza juntos es una vulnerabilidad de «puedes contar conmigo».*

Cuando tu confianza fue quebrantada, no fue ninguna locura que sintieras cuánto estaba realmente en juego. Algo verdaderamente digno estaba siendo destrozado. Cumplir nuestra palabra unos con otros glorifica a Dios y honra a las personas. Pero la traición es un infierno.

En alguna parte, oí a Jordan Peterson señalar que, en el *Infierno* de Dante, el nivel más profundo del infierno está reservado para los culpables de traición. Y su infierno no es un lago de fuego, sino de hielo. Un estudioso de Dante lo explica: «Este es el equivalente simbólico de Dante de la culpa final. Las traiciones de estas almas eran negaciones de amor y de todo calor humano. Solo el núcleo despiadado del hielo revelará su verdadera esencia».[12] No es de extrañar que la traición te haya resultado absolutamente escalofriante. Lo que te sobrevino fue gravemente maligno.

Solo hay una cosa más costosa que entregar nuestro corazón. Y es *no* entregar nuestro corazón en absoluto. En su obra clásica *Los cuatro amores*, C. S. Lewis nos ayuda a ver las alternativas que siempre tenemos ante nosotros:

> Amar, de cualquier manera, es ser vulnerable. Basta con que amemos algo para que nuestro corazón, con seguridad, se retuerza y,

12 Dante Alighieri, *The Divine Comedy: Inferno*, trad. al inglés, John Ciardi (Nueva York: Modern Library, 1996), 270.

> posiblemente, se rompa. Si uno quiere estar seguro de mantenerlo intacto, no debe dar su corazón a nadie, ni siquiera a un animal. Hay que rodearlo cuidadosamente de caprichos y de pequeños lujos; evitar todo compromiso; guardarlo a buen recaudo bajo llave en el cofre o en el ataúd de nuestro egoísmo. Pero en ese cofre —seguro, oscuro, inmóvil, sin aire— cambiará, no se romperá, se volverá irrompible, impenetrable, irredimible. La alternativa de la tragedia, o al menos del riesgo de la tragedia, es la condenación. El único sitio, aparte del Cielo, donde se puede estar perfectamente a salvo de todos los peligros y perturbaciones del amor es el Infierno.[13]

Gracias por entregar tu corazón. A pesar de que tu confianza se rompió, entraste en el pacto. Hiciste lo que Cristo haría. ¡Muy bien! El Señor te honrará por haberte mantenido fiel a Él cuando era costoso.

> Porque este es el mensaje que ustedes han oído desde el principio: que nos amemos unos a otros. No como Caín que era del maligno, y mató a su hermano. ¿Y por qué causa lo mató? Porque sus obras eran malas, y las de su hermano justas (1 Jn. 3:11-12).

Tal vez no fuiste perfecto en esa relación de pacto. Pero fuiste cristiano. De hecho, *ese fue tu crimen.* Fue tu integridad lo que te convirtió en el cordero de sacrificio de alguien.

¿Cómo se encuentra Jesús con nosotros cuando tocamos el fondo de la traición?

Tengo buenas nuevas para ti, pero también malas.

Empecemos con las buenas. *Jesús mismo sufrió la traición, sintió su horror, y va a hacer algo al respecto.*

13 C. S. Lewis, *Los cuatro amores* (Nueva York: HarperCollins Publishers, 1991), 135.

Es *por eso* que el Alto y Sublime mora en el fondo del abismo. No hay forma de que te deje pasar por ese sufrimiento solo. Lo siente profundamente.

> A Dios también lo enoja lo que te ha pasado. Se enoja ante *toda* injusticia, *cada* traición, *cada vez* que alguien sufre agravios. Sabe exactamente cómo te han agraviado y se opone a la injusticia. Pero Dios se enoja en el contexto de Su bondad. Su respuesta al mal es obrar el bien más sublime que el mundo conoce. Envía a Su propio Hijo como varón de dolores que entra y conoce nuestro sufrimiento.[14]

B. B. Warfield, el teólogo de Princeton de hace un siglo, en su brillante ensayo «The Emotional Life of Our Lord» [La vida emocional de nuestro Señor], escribe: «Jesús ardía de ira contra los males que encontraba en Su travesía a través de la vida humana tan verdaderamente como se derretía de piedad al ver la miseria del mundo: y era a partir de estas dos emociones que procedía Su misericordia».[15]

El amor de nuestro Señor por nosotros incluye Su ira por los males que se nos hacen. Por eso el apóstol Pablo escribió sobre un hombre vil que lo traicionó: «el Señor le retribuirá conforme a sus hechos» (2 Tim. 4:14). Pablo no tuvo por qué permitirse una venganza personal. ¡La ira de Dios es toda la ira que este mundo necesita!

¿Deberíamos nosotros también sentir ira ante la traición? Sí. La ira es una emoción que juzga. Y no nos equivocamos al pensar que el mal debe ser juzgado. Pero, por desgracia, el mal que traiciona también acecha en nuestro interior. La ira *de Dios* es perfecta. *Nuestra* ira es

14 David Powlison, *Good and Angry: Redeeming Anger, Irritation, Complaining, and Bitterness* (Greensboro, NC: New Growth, 2016), 174. La cursiva es de él.

15 B. B. Warfield, *The Emotional Life of Our Lord* (Wheaton, IL: Crossway, 2022), 76.

imperfecta. Confiemos en que hará lo correcto de la manera correcta, y seamos prudentes con nuestro actuar. No hagamos la vista gorda, pero tampoco arremetamos. Confiemos en que nuestro Dios de pacto saldará todas las cuentas a Su tiempo y a Su manera. Es experto en poner los castigos que sabe que son los mejores, ahora y siempre.[16]

La ira de Dios es una *buena noticia* para todos los que se preocupan por la justicia en este mundo. El Señor se encuentra con nosotros en el fondo del abismo con Su solemne promesa de que *nadie se saldrá con la suya*, ¡no mientras Él esté al mando! «El Juez de toda la tierra, ¿no hará justicia?» (Gén. 18:25). Esa es la buena noticia.

Aquí tienes la mala. Puede que no quieras oírla. Yo no. Pero aquí está. *En algún momento, tú y yo tenemos que empezar a perdonar a quien nos traicionó*. No hace falta que confíes en esa persona, ni que te caiga bien, ni que pases tiempo con ella. Pero sí tienes que perdonarla… o iniciar el camino hacia el perdón. Yo también.

¿No es así como nuestro Señor nos enseñó a orar?

> Y perdónanos nuestras deudas,
> como también nosotros hemos perdonado a nuestros deudores (Mat. 6:12).

Ahí está, tan claro como el día. Lo dijo otra vez: «Porque si ustedes perdonan a los hombres sus transgresiones, también su Padre celestial les perdonará a ustedes» (Mat. 6:14). No nos *ganamos* Su perdón al perdonar a los demás. *Demostramos* Su perdón hacia nosotros al perdonar a los demás. Entramos a Cristo al ser perdonados, y mostramos a Cristo perdonando a los demás.

16 Miroslav Volf, *Exclusion and Embrace: A Theological Exploration of Identity, Otherness, and Reconciliation* (Nashville: Abingdon, 2019), 298: «La certeza del justo juicio de Dios al final de la historia supone la renuncia a la violencia en medio de ella».

Puede llevar un largo tiempo. Puede que sientas que tienes que perdonar una y otra vez, porque la lesión reaparece una y otra vez. Jesús habló de perdonar no siete veces, sino «setenta veces siete» (Mat. 18:22). Puede que tengamos que recordarnos repetidamente que la ira de Dios es mejor que nuestra ira. Y después de setenta veces siete, quizás *empecemos* a sentirlo y relajarnos y perdonar. Pero nuestro Señor —no la admisión de culpa por parte de nuestro traidor, sino nuestro Señor mismo ahora mismo, con Su gracia y Su ira— es la razón por la que podemos abrirnos a perdonar a nuestro traidor.

¿Qué es el perdón? Es decidir que *no* haremos pagar a los traidores por lo que hicieron. Mira cómo lo expresa nuestro Señor: «Como también nosotros hemos perdonado a nuestros *deudores*»; significa que están en *deuda* con nosotros. Deberían devolvernos lo que nos quitaron. Pero perdonar significa que absorbemos el impacto de su error. Aceptamos las pérdidas que sufrimos a causa de su maldad. Confiamos en Dios para que convierta los escombros en una belleza que apenas si podemos imaginar. Su fidelidad de pacto anulará la traición de ellos, doblándola en sentido contrario. Él nos llevará más hacia lo que realmente queremos de lo que jamás habríamos podido conseguir con una existencia cómodamente despreocupada.

El perdón significa que, si la otra persona *va* a sufrir por su traición, no seremos nosotros quienes generemos ese sufrimiento. Será el Alto y Sublime, que bien puede hacerle tocar fondo con nosotros, donde puede que incluso se sincere. Tal vez ahora sea demasiado dura de corazón, demasiado orgullosa. Pero si *puede* ser salvada, Jesús es quien lo hará. Y si no puede... bueno, ni tú ni yo estamos cualificados para condenar a nadie.

Nuestro privilegio, como personas del pacto en esta generación —*lo que literalmente le debemos a todo el mundo*—, es seguir confiando en el Señor y seguir haciendo lo correcto, incluso cuando es difícil; especialmente cuando es difícil. Y lo correcto, tantas veces, es ser misericordioso. Inevitablemente, nuestro Señor nos llama a ser más misericordiosos de lo que jamás soñamos que tendríamos que ser. Pero si, en el momento de la decisión, me alejo del Señor, si me pongo intransigente y *me niego* a perdonar, entonces estoy *añadiendo* al mal del mundo. Le estoy dando a quien me traicionó más poder sobre mí. La misericordia es un asunto serio, ¿no? Pero también es liberadora.

He aquí una historia real del perdón como el de Cristo. Corrie ten Boom era una cristiana devota en Holanda durante la Segunda Guerra Mundial. Su familia protegía en secreto a judíos de los nazis. Pero la familia fue traicionada y enviada a campos de concentración. Su hermana Betsie murió en ese horrible lugar, pero Corrie sobrevivió.

Poco después de la guerra, Corrie habló en una reunión cristiana en Alemania. Su tema era el perdón. «Cuando confesamos nuestros pecados —declaró—, Dios los arroja al océano más profundo y desaparecen para siempre. Entonces, coloca un cartel que dice: "Prohibido pescar"».[17]

Cuando terminó la reunión y mientras la gente se retiraba en silencio, Corrie vio que un hombre se le acercaba. De repente se dio cuenta: había sido uno de los guardias más sádicos de aquella prisión. Pero ahora, aquí estaba de nuevo, esta vez con la mano extendida, preguntándole: «¿Me perdonarías?». Corrie se quedó helada. «Me quedé allí —yo, cuyos pecados habían sido perdonados una y otra vez—, y no podía perdonar. Betsie había muerto en ese lugar… ¿podía acaso él borrar su muerte lenta y terrible solo con aquella pregunta?».

Los sufrimientos que el hombre había infligido eran reales. Y ahora preguntaba: «¿Me perdonarías?».

17 Corrie ten Boom, *Tramp for the Lord* (Fort Washington, PA: CLC, 1974), 55–57.

Ella sigue diciendo:

> «¡Jesús, ayúdame!», oré en silencio. «Puedo levantar la mano. Hasta ahí puedo hacer. Tú provee el sentimiento». Y así, de manera tiesa y mecánica, extendí mi mano y estreché la suya. Mientras lo hacía, ocurrió algo increíble. La corriente empezó en mi hombro, bajó por mi brazo y saltó a nuestras manos unidas. Y entonces, una calidez sanadora pareció inundar todo mi ser, haciendo que se me llenaran los ojos de lágrimas. «Te perdono, hermano», exclamé. «De todo corazón». Durante un buen rato, sostuvimos el apretón de manos, el exguardia y la exprisionera. Nunca había experimentado el amor de Dios en forma tan intensa.

¿Podemos pensar en algo más sanador en este mundo brutal que el perdón genuino? Sin él, no tenemos futuro. Y cuando tocamos fondo, un mundo mejor *está* empezando a aparecer, un mundo nuevo donde el poder de Dios para perdonar redefine nuestro futuro.

En su libro *People of the Lie* [La gente de la mentira], M. Scott Peck nos ayuda a comprender el poder de la misericordia de Dios a través de nosotros:

> Sanarse del mal [...] solo es posible mediante el amor de las personas. Se requiere un sacrificio voluntario. El sanador individual debe permitir que su propia alma se convierta en el campo de batalla. Esa persona debe *absorber* el mal de manera sacrificada. [...] Hay una misteriosa alquimia, en la cual la víctima se transforma en el vencedor. Como escribió C. S. Lewis: «Cuando una víctima dispuesta que no cometió traición alguna muere en lugar de un traidor, la mesa se quebraría y la muerte misma empezaría a obrar al revés». No sé cómo ocurre esto. Pero sé que ocurre. Sé que las personas buenas pueden permitir deliberadamente que el mal de

> otros los traspase —ser quebrantadas por ello y, sin embargo, de alguna manera, no quebrarse—; incluso morir en cierto sentido y aun así sobrevivir y no sucumbir. *Siempre que esto sucede, hay un ligero cambio en el equilibrio de poder en el mundo.*[18]

Nunca te pareces más a Jesús, nunca eres más poderoso que cuando perdonas el mal real que te arruinó la vida. Ese lado misericordioso de ti es tu lado más vivo, más hermoso y más relevante que podría existir en esta generación. Y ese lado manchado de lágrimas y glorioso, allí en el fondo del abismo, está cambiando el equilibrio de poder en este mundo para alejarlo del mal y acercarlo a Aquel que es alto y sublime, mediante Su gracia y para Su gloria.

Tal vez te esté yendo mejor de lo que crees.

Quizás mucho mejor.

Preguntas para la reflexión y el debate

1. Mientras sigues reflexionando en Isaías 57:15, ¿qué idea nueva sobre Dios se destaca en tu mente con especial claridad? ¿De qué manera esta nueva perspectiva te ayuda en la práctica?

2. ¿Cuál fue la ocasión, el momento o la relación en la cual tu confianza se vio más traicionada? Lamento preguntarlo. Pero recordemos: Jesús está más presente allí donde tu corazón está más quebrantado.

3. El concepto de *pacto* es central en la Biblia. Dios nos hace promesas y cumple esas promesas, aun cuando eso le implica

18 M. Scott Peck, *People of the Lie: The Hope for Healing Human Evil* (Nueva York: Simon and Schuster, 1983), 269. Cursiva añadida.

un costo. Por ejemplo, declaró: «Ustedes serán Mi pueblo, y Yo seré su Dios». Expresa con tus propias palabras lo que eso significa para ti, cómo esa promesa vivifica tu corazón.

4. En la lucha constante por perdonar al que te traicionó, Jesús te apoya. No es fácil perdonar una y otra vez, a medida que los recuerdos dolorosos vuelven como oleadas. Pero ¿cómo puedes confiar en tu Salvador para que te ayude en esos momentos difíciles?

5. Escribe una lista de las personas con las cuales estás en un pacto: tu cónyuge, familiares, amigos de la iglesia, vecinos cercanos, compañeros de equipo, camaradas del ejército, socios de negocios, etc. Con cada nombre, anota alguna obligación de pacto que les debes. Además, anota la manera específica en la que, por gracia de Dios, pretendes permanecer fiel a cada persona.

6. Por último, dando un paso atrás y mirando el capítulo 2 como un todo —el dolor de la traición humana y la garantía de la fidelidad de pacto de Dios para ti—, ¿de qué manera esa realidad y esa esperanza pueden ayudarte a dar un nuevo paso hacia tu futuro, por gracia divina?

7. En este punto de tu trayecto, ¿qué oración quisieras elevar a Dios? Puedes hacerlo ahora mismo, en tus propias palabras, desde tu corazón al suyo.

Porque así dice el Alto y Sublime
Que vive para siempre, cuyo nombre es Santo:
«Yo habito en lo alto y santo,
Y también con el contrito y humilde de espíritu,
Para vivificar el espíritu de los humildes
Y para vivificar el corazón de los contritos».

ISAÍAS 57:15

3

Atrapado

UNO DE LOS TRUCOS MÁS antiguos de Satanás es el siguiente: *muestra la carnada, pero esconde el anzuelo.*[1] Entendemos esto por nuestra dolorosa experiencia, ¿no? A estas alturas, sabemos que el pecado no es una experiencia emocionante. Se parece más a uno de esos malos negocios de tiempo compartido: es fácil entrar, difícil salir y, cuando estamos ahí, tampoco es demasiado divertido. Peor aún, es imposible recuperar nuestra libertad solo mediante la fuerza de voluntad.

Jesús fue realista en cuanto a nuestros pecados, y la profundidad con la cual se entierra el anzuelo en nosotros. Declaró: «Todo el que comete pecado es *esclavo* del pecado» (Juan 8:34). Pedro también lo dijo sin rodeos: «uno es esclavo de aquello que lo ha vencido» (2 Ped. 2:19). Pablo nos advirtió que podemos caer «en la trampa del diablo» (1 Tim. 3:7, NTV). Jesús declaró: «si el Hijo los hace libres, ustedes serán realmente libres» (Juan 8:36). *No tenemos por qué* quedarnos atascados donde estamos. C. S. Lewis nos ayuda a volvernos decisivos:

1 Thomas Brooks, *Precious Remedies against Satan's Devices* (Edimburgo: Banner of Truth, 2011), 29.

«El problema no es que Dios nos "envíe" al infierno. En cada uno de nosotros, hay algo que está creciendo y que *será un infierno*, a menos que se lo corte de raíz. Es algo serio. Pongámonos en Sus manos de inmediato... hoy mismo, ahora mismo».[2]

Esta es nuestra esperanza. *Jesús está descendiendo a habitar entre los humildes y los contritos con un poder liberador.* No neguemos cuán bajo hemos caído. ¿Acaso queremos tocar fondo? No. Pero ¿no es que Él habita ahí? Sí. Aquí mismo nos ofrece una libertad que jamás habríamos conocido en nuestra zona de confort en ese medio blando, vacío e insípido.

Más perspectivas de Isaías 57:15

Antes de empezar, aquí tienes otro detalle de Isaías 57:15 que anhela bendecirnos. Es la primera palabra: «*Porque* así dice el Alto y Sublime». ¿Cómo es que esa pequeña palabra marca una gran diferencia? Hay que explicarlo.

Como hemos visto, el Alto y Sublime tiene dos moradas: muy arriba y muy abajo. Nuestro versículo *no* explica por qué Dios elige esos dos lugares opuestos. Pero *sí* explica por qué Dios lo anuncia públicamente. Quiere que sepamos dónde podemos encontrarlo.

Esta palabra inicial «porque» nos hace volver la mirada al contexto. Y el versículo 14 subraya lo mucho que Dios desea acercarse a nosotros. Él *realmente* quiere que sepamos que no nos evita, sino que está cerca de nosotros. De hecho, Dios está abriendo las puertas de par en par.

Y se dirá:

«Construyan, construyan, preparen el camino,

2 C. S. Lewis, *God in the Dock: Essays on Theology and Ethics*, ed. Walter Hooper (Grand Rapids, MI: Eerdmans, 1970), 155. La cursiva es de él.

Quiten los obstáculos del camino de Mi pueblo».
(Isa. 57:14, NVI)

«Y se dirá». Bueno, ¿pero quién lo dirá? ¿A quién? «Todo esto tiene un aire de misterio y solemnidad».[3] Pero incluso la ambigüedad tiene su razón de ser. *De una forma u otra,* Dios se va a asegurar de que Su invitación abierta llegue hasta nosotros, estemos donde estemos: «Y *se dirá*».

El resto del versículo 14 es una declaración de nuestro Rey. Es Jesús quien habla, con el eco de los apóstoles y profetas y de todas sus voces fieles a lo largo de los siglos. El mensaje es este: el corazón de nuestro Señor se inclina a las personas rotas, al nuevo comienzo que quiere para nosotros.

Este es Su plan:

Construyan, construyan, preparen el camino,
Quiten los obstáculos del camino de Mi pueblo.

Es la imagen de una gran autopista interestatal en construcción. Y el Rey defiende Su postura *con vehemencia* sobre este proyecto. *Insiste* en que se finalice. Oímos *urgencia* en Su voz.

¿Qué lo conmueve tan profundamente? Nos quiere *a nosotros.* Nos quiere libres para volver a casa, sin que nada se interponga en nuestro camino: «Quiten los obstáculos del camino de Mi pueblo». Quiere que el camino de vuelta a Su corazón sea obvio y fácil de seguir: sin curvas ciegas, sin baches, sin controles de velocidad.

«Preparen el camino» es nuestro Rey ordenando a todos sus ministros en todas partes: «¡Vienen visitas! Facilítenles la entrada. Barran

3 J. Alec Motyer, *The Prophecy of Isaiah: An Introduction and Commentary* (Downers Grove, IL: InterVarsity Press, 1993), 475.

todos los obstáculos, hasta cualquier piedrecita que pueda hacer tropezar a alguien que llegue en patineta». ¿Sabías que Dios siente eso por ti? «Quiten los obstáculos del camino de Mi pueblo» es como decir: «¡Desháganse de toda complicación religiosa! ¡Vuelvan a los fundamentos! Mis heridos necesitan que sea *simple*».

Los reformadores protestantes —Martín Lutero, Thomas Cranmer, Juan Calvino— hicieron exactamente eso. Fueron una fuerza en la historia que impulsó a regresar a los fundamentos, eliminando las barreras de los complementos añadidos por el hombre a Jesús. Y ayudaron a generaciones de pecadores que habían tocado fondo a volver trastabillando a casa con Dios. Ahora nos toca a nosotros, en nuestro tiempo, hacer que el evangelio se mantenga accesible para los derrotados y desesperados.

Lo volveré personal. Cuando me doy cuenta de que he pecado y mi conciencia me regaña, en ese momento de ansiedad y arrepentimiento puedo volver a Jesús de dos maneras. Puedo seguir el camino directo o dar un rodeo, que no lleva a ninguna parte.

Esta sería la ruta indirecta. Mi conciencia culpable me dice: «¡He vuelto a pecar! Y me detesto por eso. Dios también debe detestarme. De hecho, *debería* odiarme. Pero si antes me golpeo, si me avergüenzo y me castigo lo suficiente, puede que me haga un poco más fácil de perdonar para Dios».

Sin embargo, ¡esa mentalidad es una de las barreras que Dios quiere eliminar! Esa estrategia de afrontamiento no *funciona*. Nuestros propios esfuerzos por hacernos más presentables solo añaden otra capa de pecado sobre el pecado que cometimos en primer lugar. *Todo* en nosotros está mezclado con pecado. Si el mal estuviera codificado por colores, como la cinta amarilla de la policía en la escena de un crimen, entonces *todo en nosotros, en diferentes matices*, brillaría en amarillo, incluidos nuestros intentos de demostrarle a Dios que esta vez nuestras intenciones son genuinas, que esta vez lo decimos de verdad. Nuestra actitud de humillación es la razón del versículo 14. Dios nos invita amorosamente a venir ahora, *tal como somos*, y simplemente desplomarnos en Sus brazos, *incluso con todo nuestro desastre*.

Eso nos abre un camino directo de regreso al Señor. Realmente podemos dirigirnos con prisa *directo* a casa… a través de la obra consumada de Cristo en la cruz. El hijo pródigo volvió a casa oliendo todavía a la pocilga en la que se había revolcado. Pero su padre estaba demasiado contento como para preocuparse (Luc. 15:11-32). Rodeó al muchacho con sus brazos. Nuestra bondad inventada y nuestro autoengaño de que «no somos tan malos»… toda esa ridiculez nos limita. La única barrera real entre nosotros y el abrazo de nuestro Padre es nuestra indecisión a la hora de acercarnos.

En 1759, Joseph Hart contó su propia historia a través de su gran himno:

Venid, pecadores, pobres y necesitados,
débiles y heridos, enfermos y doloridos;
Jesús está listo para salvaros,
lleno de piedad, amor y poder.

Venid, vosotros los que estáis cansados y cargados,
perdidos y arruinados por la caída;
si esperáis hasta estar mejor,
nunca llegaréis.

No permitas que la conciencia te haga demorarte
ni que sueñes con vanidad sobre la aptitud;
toda la aptitud que Él requiere
es que sientas tu necesidad de Él.[4]

4 Joseph Hart, «Come, Ye Sinners, Poor and Needy» (1759), *The Church Hymnary: Edición revisada* (Londres: Oxford University Press, 1927), N.° 393.

Esa libertad para levantarse y venir… Isaías 57:14 nos lleva allí. Dios ha construido y preparado el camino. Ha eliminado todo obstáculo a través de Cristo. John Gerstner explica:

> El camino hacia Dios está abierto de par en par. No hay nada que se interponga entre el pecador y su Dios. Tiene acceso inmediato y sin trabas al Salvador. No hay nada que lo impida. Ningún pecado puede detenerlo, porque Dios ofrece justificación al impío. Nada se interpone ahora entre el pecador y Dios, más que las «buenas obras» del pecador. Nada puede alejarlo de Cristo más que su engaño de que no lo necesita, de que tiene buenas obras propias que pueden satisfacer a Dios… Lo único que necesita es la necesidad. Lo único que debe tener es nada. … Pero, por desgracia, los pecadores no pueden desprenderse de sus «virtudes». No tienen ninguna que no sea imaginaria, pero son reales para ellos. Entonces, la gracia se vuelve irreal. Desprecian la verdadera gracia de Dios para aferrarse a sus propias virtudes ilusorias. Con los ojos fijos en un espejismo, no beberán agua de verdad. Mueren de sed con agua a su alrededor.[5]

¡Qué ridículos somos si pensamos que podemos ser lo suficientemente buenos para Dios! La verdad es que nuestra única esperanza es ser lo suficientemente malos para Dios. Cuando pensamos que nuestras buenas obras podrían tener algún valor ante Él, el versículo 14 nos ayuda a recobrar la razón: «Quiten los obstáculos del camino de Mi pueblo».

Ahora volvamos a la palabra «porque» al principio del versículo 15. Si miramos los versículos 14 y 15 juntos, vemos cómo «porque» los vincula. Dios nos acoge a los pecadores con Su asombrosa gracia (v. 14), *porque* así es el Alto y Sublime (v. 15). *Dios nos invita a*

5 John H. Gerstner, *Theology for Everyman* (Chicago: Moody Press, 1965), 72-73.

volver, después de haber tocado fondo, solo al ser fiel a sí mismo, sin rebajar en absoluto Sus exigencias. Realmente es así de misericordioso.

Atrevámonos a creerlo. Después de todo, Jesús dijo: «Vengan a Mí, todos los que están cansados y cargados, y Yo los haré descansar» (Mat. 11:28). Y no ha retirado Su gracia... ni siquiera en tu caso.

Toda la Biblia puede resumirse en tres frases. Dios está diciendo: «Te amaba. Pero te perdí. Y quiero recuperarte».[6] Y cuando nuestra conciencia insiste en que paguemos al menos algo por los pecados que hemos cometido, ahora vemos lo que realmente está pasando. Cualquier voz en nuestra cabeza que ponga a Dios a cierta distancia, con los brazos cruzados y el ceño fruncido, esa voz es la del diablo.

Me encanta cómo Martín Lutero nos enseñó a defendernos:

> Cuando el diablo nos dice que somos pecadores y que, por lo tanto, estamos condenados, podemos responder: «Como dices que soy un pecador, seré justo y salvo». Entonces, el diablo dirá: «No, serás condenado». Y yo responderé: «No, porque vuelo a Cristo, el cual se entregó por mis pecados. Satanás, no prevalecerás contra mí cuando intentes aterrorizarme diciéndome cuán grandes son mis pecados e intentes reducirme a pesadumbre, desconfianza, desesperación, odio, desdén y blasfemia. Por el contrario, cuando dices que soy un pecador, me das la armadura y las armas contra ti, para que pueda cortarte la garganta con tu propia espada y hollarte bajo mis pies, ya que Cristo murió por los pecadores. [...] Es sobre Sus hombros, y no sobre los míos, donde yacen todos mis pecados. [...] Así que, cuando dices que soy un pecador, no me aterras, sino que me reconfortas inmensamente».[7]

6 Fue Tim Keller quien sugirió este resumen hace años. No recuerdo dónde.

7 Martín Lutero, *Galatians*, ed. Alister McGrath y J. I. Packer (Wheaton, IL: Crossway, 1998), 40-41.

Creamos el evangelio. Volvamos a Dios. Sigamos volviendo a Dios. Él no nos exige que lo merezcamos; nos invita a recibirlo.

Confiar en Jesús, enfrentarse a uno mismo

El capítulo 2 se trató de la traición. Alguien quebranta nuestra confianza y nos rompe el corazón. Pero en nuestra devastación, Dios habita justo ahí. No quedamos abandonados, ni por un momento.

Este capítulo trata sobre lo contrario a la traición. Pensemos ahora en nuestros propios pecados, mentiras e hipocresías. Aceptemos cómo hemos defraudado a los demás, cómo hemos roto el pacto, e incluso cómo hemos roto sus corazones.

Es difícil pensar en eso. Los recuerdos son dolorosos: esos momentos en los que fuimos egoístas, imprudentes, necios. Todos sabemos lo que es darse cuenta de que: «Mi vida era aburrida y restrictiva. Sentía que merecía algo mejor. Así que miré ese pecado y pensé: "Podría ser divertido". Pero ¿ahora? ¡El regusto amargo de la vergüenza, el autodesprecio y las relaciones devastadas! Peor aún, detesto este miserable pecado, pero también lo necesito. *¿Cómo puedo ser libre otra vez?*». Nuestro horrendo secreto está ahí, en lo más profundo de nosotros, como un ocupante ilegal que toma posesión de un edificio. Sonreímos por fuera, pero estamos enfermos por dentro. «¿Y si mi familia o mis amigos se enteran?».

¿Hay algún abismo más profundo que ese?

Llegados a este punto, algunas voces estarán muy dispuestas a gritarnos: «¡Reacciona, perdedor lamentable! Si te espabilas, ¡todo esto desaparecerá!». ¿En serio? ¿Es así de sencillo? Quizás hayas leído el poema «Si...», de Rudyard Kipling. Dice así:

Si el triunfo y el desastre no te imponen su ley,
y los tratas lo mismo, como a dos impostores [...]

Y si puedes llenar los preciosos minutos,
con sesenta segundos de combate bravío,
tuya es la tierra y todos sus codiciados frutos,
y lo más importante ¡serás hombre hijo mío![8]

Pero si nos volvemos fuertes solo mediante una decisión racional, respaldados por suficiente fuerza de voluntad, entonces ¿por qué Jesús dijo: «todo el que comete pecado es *esclavo* del pecado» (Juan 8:34)? *¿Cómo* podemos seguir eligiendo lo que es bueno cuando hay una *inclinación* salvaje en nuestro interior por lo que es malo? Eso es *esclavitud*, nuestra esclavitud.

Así que acudimos a Dios, con nada más que necesidad. Recuerdo, en la universidad, que mi padre escribió un artículo para nosotros, los estudiantes. Se trataba de la oración. Solo el título describía la oración de una manera que nunca olvidaré: «¡Acude a Dios, y aférrate con fuerza!».[9] En el artículo, Papá contaba esta historia:

> Un pastor que predicaba en una misión de rescate en el barrio bajo Skid Row estaba citando el poema «Si» de Kipling. Cuando llegó a las líneas: «Y si puedes llenar los preciosos minutos, con sesenta segundos de combate bravío», una voz desesperada desde la última fila gritó: «¿Qué pasa si no puedo?».

Es entendible. Pero la gente que se encuentra en su farisaico medio blando tiene todo resuelto —o eso *cree*—, y puede mirar desde arriba a los borrachos de Skid Row y al resto de nosotros. Lo cierto es que Jesús habita entre *lo más bajo de lo bajo*. En Su cruz,

8 Rudyard Kipling, «Si…», Biblioteca Digital © Instituto Latinoamericano de la Comunicación Educativa ILCE. https://bibliotecadigital.ilce.edu.mx/Colecciones/ObrasClasicas/_docs/Si.pdf

9 Raymond Ortlund, «Go to God, and Hang On!», *HIS Magazine*, febrero de 1968, 30.

llevó sobre sí nuestras vergonzosas adicciones, nuestra vergonzosa esclavitud, todo lo que odiamos de nosotros mismos. Lo hundió hasta la muerte, para que nosotros podamos liberarnos y volver a vivir. No es de extrañar que la Biblia lo llame «amigo [...] de pecadores» (Mat. 11:19).

Con la gracia de Jesús como nuestra única confianza, ahora podemos enfrentarnos a nosotros mismos con sinceridad. Pensémoslo en tres pasos.

¿Qué es el pecado?

El pecado no es romper un tabú insignificante o sobrepasar una mera tradición. El pecado quebranta el pacto sagrado que Dios hizo con nosotros. Además, derriba la hermosa solidaridad que Él construyó entre nosotros.

Por ejemplo, en el Salmo 51, la oración de arrepentimiento de David, él utiliza tres palabras para describir su pecado con total realismo:

> Ten piedad de mí, oh Dios,
>   conforme a Tu misericordia;
> Conforme a lo inmenso de Tu compasión,
>   borra *mis transgresiones.*
> Lávame por completo de *mi maldad,*
>   Y límpiame de *mi* pecado (vv. 1-2).

Primero, «transgresión». Es decir, rebelión voluntaria, abierta y deliberada contra Dios. David sabía exactamente lo que hacía cuando tomó la mujer de otro hombre y la dejó embarazada (2 Sam. 11). *Desafió* a Dios. Su comportamiento fue como hacerle a Dios un gesto obsceno con el dedo. Es la misma palabra que se utiliza para referirse a los hermanos de José que lo vendieron deliberadamente (Gén. 50:17). No fue un simple error.

¿En qué rayos estaba pensando David? Tal vez se sentía confinado por su vida de obediencia a Dios. Quizás sentía lástima de sí mismo, como si Dios le debiera algo. Puede que haya empezado a pensar: «¿Por qué no liberarme y explorar mis opciones?». La autocompasión incesante nos lleva a hacer cosas *horrendas*.

Segundo, «maldad» [traducida «iniquidad» en otras versiones]. Es decir, un acto deformado, retorcido y destructivo. Esta palabra aparece en Isaías 24:1, donde el Señor «trastorna» la superficie de la tierra hasta darle una forma antinatural. La palabra *maldad* (o iniquidad) puede recordarnos a Gollum, ese extraño villano de *El señor de los anillos*. Ya no era él mismo. Había descendido a algo extraño. Al igual que Gollum, David distorsionó y degradó la sexualidad que Dios le había dado, de fuerza vital a fuerza letal, de noble a repulsiva.

La iniquidad es como tomar un teléfono inteligente —brillante tecnología de comunicación— y utilizarlo para clavar clavos. Un teléfono inteligente no fue creado para *eso*. Se romperá.

Tercero, «pecado». Es decir, errar al blanco o perder el rumbo. Esta palabra aparece en Jueces 20:16, donde algunos hombres muy hábiles podían lanzar una piedra con honda «sin errar». Nosotros tampoco erramos cuando el mapa dice: «Para llegar a casa, gire a la derecha aquí». Pero pensamos: «Conozco un camino mejor», y giramos a la izquierda. No es de extrañar, pues, que nos perdamos, malgastemos tiempo, lleguemos tarde, decepcionemos a los demás y mucho más. El pecado es como intentar recuperar la salud comiendo chatarra. No *puede* funcionar. El pecado solo puede fallar y defraudarnos. Acabamos perdidos, aislados, deprimidos… y demasiado orgullosos para admitirlo.

David lo resume en el Salmo 51:4: «he hecho lo *malo* delante de Tus ojos». ¡«Lo malo» es una expresión fuerte! ¿Podemos ser lo suficientemente sinceros como para utilizar esa palabra para describir cosas que hemos hecho nosotros, no solo para lo que han hecho otras personas?

Cada vez que nos equivocamos —desafiando a Dios, haciendo mal uso de Sus dones, desviándonos de Su camino— acabamos en el mismo punto bajo, con pérdidas, heridas y tristezas que no habíamos previsto. El día de su trigésimo sexto cumpleaños, el genial Lord Byron, siendo aún un hombre joven, escribió lo siguiente:

Mis días descansan en las amarillas hojas;
 Las flores y los frutos del amor se han ido;
¡sólo el gusano, la corrupción y la pena
 son exclusivamente míos![10]

No es que, si tan solo pecamos más inteligentemente, podremos evitar esos dolorosos resultados. No, el pecado *siempre* nos atrapa en consecuencias que nos dejan derrotados y avergonzados. Entonces fluyen nuestras lágrimas. ¡Sin duda, tocamos fondo!

¿Qué siente el Señor respecto a nosotros ahora?

¿Acaso Dios mira con asco a los pecadores como nosotros? ¿Y por qué no debería hacerlo? Mira lo que hemos hecho… ¡o dejado de hacer! ¿Qué esperanza tenemos a estas alturas?

La Biblia nos muestra el corazón de Dios por los pecadores como nosotros, que no merecemos a Dios. Mira esto:

10 Lord Byron, «Al cumplir mis treinta y seis años», Educ.ar Portal. https://www.educ.ar/recursos/151854/al-cumplir-mis-treinta-y-seis-aos-de-lord-byron

¿Cómo podré abandonarte, Efraín?
¿Cómo podré entregarte, Israel? [...]
Mi corazón se conmueve dentro de Mí,
Se enciende toda Mi compasión. [...]
Porque Yo soy Dios y no hombre,
el Santo en medio de ti (Os. 11:8-9).

Dios está agonizando respecto a Su pueblo. Lo que aflige Su corazón, más que sus pecados contra Él, es la idea de no tenerlos como Su pueblo. «¿Cómo podré abandonarte?» es su forma de decir: «¡*Jamás* podría abandonarte!». Para Dios, romper el pacto con nosotros es *impensable*, incluso cuando le hacemos daño. Y siente una compasión tan tierna, no porque se salte Sus reglas, sino precisamente porque es Dios: «Porque Yo soy Dios y no hombre». En otras palabras, yo *no* soy susceptible, explosivo y vengativo como tú. Yo soy el Santo. Estoy sosteniendo todo lo que significa para mí ser *Dios*, justo en medio de ustedes. Aquí se abre la puerta a tu futuro mejor: mi infinita capacidad de amarte».[11]

¡He aquí el Dios de la gracia!

Y no le digas que se equivoca al ser tan amable. Su gracia no necesita tu corrección. Tienes que aceptar Su gracia y dejar de guardar las distancias para correr hacia Él y caer en Sus brazos. *¿Qué estás esperando?*

La Biblia dice que Jesús es nuestro compasivo sumo sacerdote (Heb. 4:15). Afirma que trata «con benignidad [a] los ignorantes y extraviados» (Heb. 5:2). La Biblia es muy clara: Dios no *iguala* nuestros pecados con Su gracia. *Supera* nuestros pecados crecientes con Su excedente de hipergracia (Rom. 5:20). Su mayor gloria es

11 Comp. Bruce K. Waltke, *An Old Testament Theology: An Exegetical, Canonical, and Thematic Approach* (Grand Rapids, MI: Zondervan, 2007), 836.

cómo responde *des*proporcionadamente a nuestros pecados sobre pecados con Su «gracia sobre gracia» (Juan 1:16). Toda la estructura lógica del evangelio bíblico se resume en dos simples palabras: «*mucho más*» (Rom. 5:15, 17). El peor de tus pecados queda eclipsado por Su «mucha más» gracia.

Perdona que sea brusco, pero has encontrado a tu rival. No eres un pecador tan espectacular que tu pecado pueda derrotar al Salvador. También podrías rendirte, salir de tu escondite y ondear la bandera blanca de la rendición. Lo que nos espera a ti y a mí, justo en nuestro abismo más bajo, es la obra consumada de Cristo en la cruz por aquellos que no lo merecen. Y no encontraremos una esperanza tan asombrosa *en ningún otro lugar*.

Lo único que hacemos en respuesta, lo único que *podemos* hacer, es recibir Su gracia con las manos vacías de la fe... y sí, incluso con las manos sucias del pecado.

Entonces, ¿cómo ganamos tracción para vivir mejor?

Los pecadores perdonados siempre quieren algo más que el perdón. *Queremos* que nos perdonen, seguro. Pero también queremos liberarnos de los pecados que nos arrastraron hacia abajo en primer lugar. Así que tú y yo nos preguntamos: «¿Cómo empiezo *nuevos* patrones de vida?». La respuesta tiene tres partes, cada una llena de esperanza.

Necesitamos un milagro

Tú y yo necesitamos un milagro. ¿Te parece una decepción? ¿Tal vez sientes que nunca podría ocurrirte un milagro a *ti*? Pero Dios *se especializa* en milagros, y está *a favor* de ti. Si crees en Dios, entonces ya crees en los milagros. Al fin y al cabo, tú *eres* un milagro, una creación de Dios mismo. Yo también. ¡Estamos lejos de ser perfectos! Por eso este capítulo es importante. Y el milagro que necesitas ahora es que el Dios que te hizo te rehaga.

¿Por qué no seguir adelante y creer que puede recrearte en lo más profundo de tu ser? Un milagro no es una imposibilidad. Es simplemente un prodigio, una maravilla, algo asombroso.[12] Los milagros no quebrantan «las leyes de la naturaleza». Saltan por encima de esas supuestas leyes. Un milagro es como una ambulancia que acude a toda velocidad al rescate de alguien, con las luces encendidas y la sirena a todo volumen, y los vehículos comunes se apartan a un lado para dejarla pasar.[13] El corazón de Dios se dirige a toda velocidad hacia ti... sí, hacia ti, que estás atrapado. A Él *le encanta* hacer maravillas en el fondo del abismo.

Toma a Chuck Colson, por ejemplo. Era el «artista de los trucos sucios» del presidente Richard Nixon,[14] pero la ley lo alcanzó por sus fechorías en el escándalo Watergate de los años setenta. Colson se declaró culpable de obstrucción a la justicia y fue a la cárcel. Así es como resumió su experiencia de tocar fondo:

> En cierto sentido, había perdido todo: poder, prestigio, libertad, incluso mi identidad. En el verano de 1974, como prisionero número 23226 en el Campo Federal de Prisioneros de Maxwell, me quedé mirando la pantalla de un pequeño televisor en blanco y negro... mientras el Presidente Richard Nixon, a quien yo había servido fielmente durante tres años y medio, renunciaba a su cargo. Fue una de las experiencias más desoladoras de mi vida.

12 Sugerido por *miraculum*, el origen latino de nuestra palabra española *milagro*. Ver Carlton T. Lewis y Charles Short, *A Latin Dictionary* (Oxford: Clarendon, 1969), 1148.

13 Uno de mis profesores favoritos del seminario, Howard Hendricks, lo expresó así en clase un día. Y también me encanta cómo lo dijo Jürgen Moltmann: «Las sanidades de Jesús no son milagros sobrenaturales en un mundo natural. Son lo único verdaderamente "natural" en un mundo antinatural, demonizado y herido». Moltmann, *The Way of Jesus Christ: Christology in Messianic Dimensions* (Minneapolis: Fortress, 1993), 98-99.

14 Michael Dobbs, «Charles Colson, Nixon's "Dirty Tricks" Man, Dies at 80», *Washington Post*, 21 de abril de 2012, https://www.washingtonpost.com/

> Pero en otro sentido, lo había encontrado todo, todo lo que realmente importa: una relación personal con el Dios vivo. Mi vida había sido transformada radicalmente por Jesucristo.[15]

Dios obró un milagro en Chuck. *Pero ¿cómo fue ese milagro en la práctica?* Colson explica cómo empezó. Fue una conversación profunda una noche con su amigo de confianza Tom Phillips. Chuck aún no podía desprenderse de su exterior orgulloso. Pero tampoco podía ignorar las palabras de Tom: «Le pedí a Cristo que entrara en mi vida y pude sentir Su presencia conmigo, Su paz dentro de mí. Podía percibir Su Espíritu allí conmigo».[16]

Lo que sorprendió a Chuck fue lo sencillo que era: «¿A eso te refieres con aceptar a Cristo… tan solo se lo pides?». Chuck admitió: «Me conmovió la historia de Tom, aunque no podía imaginar cómo podía producirse un cambio tan milagroso de una forma tan sencilla».

Mientras la conversación continuaba, Tom leyó en voz alta la parte del libro de C. S. Lewis, *Cristianismo… ¡y nada más!*, en la que Lewis llama al orgullo nuestro peor pecado, «el completo estado de anti-Dios en la mente».[17] Con esa claridad contundente, el corazón de Chuck comenzó a resquebrajarse.

> Al igual que se supone que un hombre a punto de morir ve pasar ante sí, secuencia a secuencia, los momentos culminantes de su vida, así, mientras la voz de Tom leía aquella tarde de agosto,

15 Chuck Colson, *Born Again* (Minneapolis: Chosen, 2008), 11.

16 Esta cita y la siguiente de Colson proceden de *Born Again*, 122-29.

17 C. S. Lewis, *Cristianismo… ¡y nada más!* (Mami, FL: Editorial Caribe, 1977), 123: «La falta de castidad, la ira, la avaricia, la embriaguez y todo lo demás, son en comparación "picaduras de mosquito". Fue por orgullo que el diablo se convirtió en diablo; el orgullo lleva a todos los demás vicios; es el completo estado de anti-Dios en la mente».

> los acontecimientos clave de mi vida desfilaban ante mí como proyectados en una pantalla. Cosas en las que no había pensado en años: mi discurso de graduación en la escuela preparatoria, ser «lo suficientemente bueno» para los infantes de marina, mi primer matrimonio, entrar a la familia «correcta», sentarme en el estrado de los Jaycees mientras un líder cívico tras otro me elogiaba como el joven más destacado de Boston, y luego a la Casa Blanca, el afán y el esfuerzo por conseguir estatus y posición: «Sr. Colson, el presidente lo llama... Sr. Colson, el presidente quiere verlo ahora mismo».

Chuck por fin se vio a sí mismo. Pero aun así, su orgullo resistía. No podía admitir ni siquiera ante su amigo que necesitaba la oración. Así que salió de la casa de Tom, se dirigió a su coche y se marchó. Sin embargo, no llegó muy lejos... tal vez unos cien metros, y empezó a llorar. Se detuvo. No se daba cuenta de que estaba haciendo lugar para que la ambulancia de Dios viniera a obrar un milagro en él. No fue nada ruidoso ni llamativo. Fue más bien como un colapso.

> Lloraba tanto que era como intentar nadar bajo el agua. [...] Mientras me tapaba la cara con las manos, y con la cabeza apoyada en el volante, me olvidé del machismo, de las pretensiones, del miedo a ser débil. Y mientras lo hacía, empecé a experimentar una maravillosa sensación de liberación. [...] Entonces, hice mi primera oración de verdad: «¡Dios, no sé cómo encontrarte, pero voy a intentarlo! No soy la gran cosa ahora, pero de alguna manera quiero entregarme a ti». No sabía cómo decir más, así que repetí una y otra vez las palabras: *Tómame...* Me quedé allí en el coche, con los ojos húmedos, orando, pensando, durante quizás media

hora, solo en la tranquilidad de la noche oscura. Sin embargo, por primera vez en mi vida, no estaba solo en absoluto.

Así nada más. Y Dios es capaz de liberarte a ti también de las mentiras autocomplacientes que te mantienen atrapado, las mentiras que ni siquiera has empezado a ver por lo que son. Dios puede ayudar. *Quiere* ayudar. ¿Y si te niegas y te alejas? *Tú* creas una *nueva identidad* a partir de la *vieja*… ¿te animas a arriesgar todo por *esa* opción? Malcolm Muggeridge, que sabía un par de cosas sobre el pecado, explica adónde nos lleva ese engaño:

> Paseando por el Parque de St. James, pensé intensamente en la diferencia entre Tolstói y San Agustín. Tolstói intentó alcanzar la virtud, y en particular la continencia, mediante el ejercicio de su voluntad. San Agustín vio que, para el hombre, no hay virtud sin milagro. Así, el ascetismo de San Agustín le trajo serenidad, y la angustia de Tolstoi le trajo el conflicto y el colapso final de su vida en una trágica payasada.[18]

Así que lo primero que necesitas es el toque milagroso de la gracia de Dios en lo más profundo. La sencilla oración de Chuck Colson, «Tómame», es una que a Dios le encanta escuchar y responder. Y no hay *nada* en Su gracia que te convierta en un trágico bufón. Él promete: «Pondré Mi ley dentro de ellos, y sobre sus corazones la escribiré» (Jer. 31:33). No solo amabilidad exterior, sino una frescura interior. Ese es el milagro que Dios ofrece. ¿Qué te parece?

Llévale tu fracaso, tu ruina. Él puede soportarlo. Incluso puede convertirlo en redención, para que brilles con mayor fulgor donde

18 John Bright-Holmes, ed., *Like It Was: The Diaries of Malcolm Muggeridge* (Londres: Collins, 1981), 434.

ahora te escondes más secretamente. Tu desconsolado «Tómame» es donde aparece Su gracia que obra maravillas.

Eso es lo primero que necesitas para una nueva vida: un milagro directamente de Cristo. Lo segundo es algo que tú haces: dar un nuevo paso de fe. Abandona toda estrategia de autorrescate y acude solo a Cristo. ¡Es tan liberador!

Necesitamos fe

El Catecismo de Heidelberg de 1563 pregunta: «¿Cómo estás a cuentas con Dios?». Esta es la respuesta:

> Solo mediante una fe verdadera en Jesucristo. Aunque mi conciencia me acuse de haber pecado gravemente contra todos los mandamientos de Dios, de no haber guardado nunca ninguno de ellos, y aunque siga inclinado a todo mal, sin embargo, sin merecerlo en absoluto, por pura gracia, Dios me concede y me acredita la perfecta satisfacción, justicia y santidad de Cristo, como si nunca hubiera pecado ni hubiera sido pecador, como si hubiera sido tan perfectamente obediente como Cristo lo fue por mí. *Lo único que necesito es aceptar este regalo de Dios con un corazón creyente.*[19]

John Bunyan, el autor de *El progreso del peregrino*, describió cómo se liberó finalmente. Empezó a mirar a Cristo. Observa la exterioridad, la cualidad extrínseca, la alteridad de la gracia que Bunyan descubrió:

> Un día, mientras iba por el campo y sentía algunos arranques en mi consciencia, con temor a que no todo estuviera bien aún,

19 *Ecumenical Creeds and Reformed Confessions* (Grand Rapids, MI: Junta de Publicaciones de la Iglesia Cristiana Reformada, 1979), 29. Cursiva añadida.

esta frase vino de repente a mi alma: *Tu justicia está en el cielo.* Y me pareció ver además, con los ojos del alma, a Jesucristo a la diestra de Dios. Allí está mi justicia, así que, no importaba lo que fuera o lo que estuviera haciendo, Dios no podía decir sobre mí: «A John Bunyan le falta mi justicia», porque esa justicia está allí delante de Él. También vi que no era la buena condición de mi corazón la que mejoraba mi justicia ni la mala condición la que la empeoraba, porque mi justicia era Jesucristo mismo, el mismo ayer, y hoy, y por los siglos. *Ahora sí que se me cayeron las cadenas de las piernas. Volví a casa regocijándome por la gracia y el amor de Dios.* Durante un tiempo, viví con una dulce paz con Dios por medio de Cristo. *¡Ah!* —pensaba— *¡Cristo! ¡Cristo!* No había nada más que Cristo ante mis ojos.[20]

Si en realidad estás confiando en ti mismo, bueno, ¿qué tal te va? ¿Por qué no pasarse a Cristo? ¿Qué tienes que perder?

Necesitamos amigos

Tú y yo necesitamos un milagro de arriba. También necesitamos poner nuestra confianza solo en Cristo. Y lo tercero que necesitamos son amigos. La Biblia describe así la verdadera amistad, la verdadera solidaridad: «Por tanto, confiésense sus pecados unos a otros, y oren unos por otros para que sean sanados» (Sant. 5:16). Así que mis preguntas son evidentes: *¿A quién confiesas tus pecados? ¿Quién está orando por ti? ¿Estás experimentando sanidad?*

Todos hacemos resoluciones de Año Nuevo… y no cambia mucho. Pero si tienes amigos de verdad que oran por ti, Dios te promete sanidad.

20 John Bunyan, *Grace Abounding to the Chief of Sinners* (Filadelfia: Woodward, 1828), 91-92. Estilo actualizado. Cursiva añadida.

Uno o dos amigos de confianza es todo lo que necesitas. Y ellos te necesitan a ti. Reúnanse una vez a la semana y confiésense mutuamente sus pecados. Confiésales, sobre todo, ese pecado esclavizante que prefieres no admitir. Hasta que no te abres con honestidad radical, estás jugando. Pero cuando pones *ese* pecado sobre la mesa y tus amigos oran por ti respecto a *ese* pecado, empiezas a liberarte. Dietrich Bonhoeffer explicó:

> Cuanto más aislada esté una persona, más destructivo será el poder del pecado sobre ella. El pecado quiere permanecer desconocido. Es necesario sacarlo a la luz. Es una dura lucha hasta que se admite abiertamente el pecado. El pecador se rinde; renuncia a toda su maldad. Entrega su corazón a Dios, y encuentra el perdón de todos sus pecados en la comunión de Jesucristo y su hermano. El pecado expresado y reconocido ha perdido todo su poder. Ha sido revelado y juzgado como pecado. Ahora, la hermandad carga con el pecado del hermano. Ya no está solo con su maldad.[21]

¿Acaso no quieres ser parte de esa hermandad? Puedes tenerla. Lo único que puedes perder es el falso yo que proyectas a tus amigos. Pero puedes salir de tu escondite. Tus amigos te acogerán y orarán por ti. Puedes seguir confesando tus pecados, y ellos seguirán orando por ti, y Dios seguirá sanándote. Tus amigos también cobrarán vida. El Dios alto y sublime habita entre los contritos y humildes, reavivando sus corazones con gracia sanadora.

La sinceridad y la oración juntas *como una nueva forma de vida*: ¡ese es tu futuro prometedor! El pecado que más te harta, mientras te mantenga oculto, tiene sus garfios bien clavados en ti. Pero la

21 Dietrich Bonhoeffer, *Life Together*, trad. al inglés: John W. Doberstein (Nueva York: Harper & Row, 1954), 112-13.

libertad te llama, te acoge, a través de la confesión y la oración con los amigos. Te sentirás aliviado.

Ahora es un momento excelente para acercarse a esos amigos de confianza.

Y ya que estás, ve a arreglar las cosas con la gente a la que traicionaste. El Señor irá contigo. Él te ayudará.

Preguntas para la reflexión y el debate

1. Jesús dijo: «Todo el que comete pecado es *esclavo* del pecado» (Juan 8:34). Eso es algo serio. ¿Qué entendía él sobre nosotros y nuestro pecado que nosotros tendemos a no creer, o ni siquiera *queremos* creer?

2. ¿Qué es lo que más te llama la atención, e incluso te sorprende, de Isaías 57:14? ¿De qué manera puede ayudarte en la práctica esa perspectiva?

3. En tus propias palabras, ¿cómo mejora Isaías 57:14 nuestra visión de la gracia de Dios en Isaías 57:15?

4. Cuando hemos pecado y necesitamos volver a Dios, podemos tomar «la ruta indirecta» o «la ruta directa». ¿Cómo han sido estos dos enfoques en tu propia experiencia? ¿Cómo te libera el evangelio bíblico para que sigas utilizando la ruta directa de regreso a Dios?

5. Aquí tienes una pregunta difícil. ¿Cuál es, según tu juicio, el peor pecado que has cometido? Y con ese remordimiento carcomiéndote por dentro, ¿cómo te guía el evangelio bíblico de vuelta a la gracia de Dios?

6. ¿A quién confiesas tus pecados? ¿Quién sabe cómo estás realmente y qué no anda bien en tu interior? ¿Quién está orando por ti?

7. ¿Qué oración quieres ofrecer a Dios? ¿Qué es lo que más necesitas pedirle ahora mismo? Él escuchará, recibirá y responderá a tu oración.

Porque así dice el Alto y Sublime
Que vive para siempre, cuyo nombre es Santo:
«Yo habito en lo alto y santo,
Y también con el contrito y humilde de espíritu,
Para vivificar el espíritu de los humildes
Y para vivificar el corazón de los contritos».

ISAÍAS 57:15

4

Solo

RECUERDO UNA VEZ EN QUE, cuando era niño, estaba en la cama por la noche, mirando por la ventana las hojas de un árbol a la luz de la luna, y me preguntaba si estaba loco. Nuestra familia se había trasladado de la Nueva York rural a la California urbana. Para mí, supuso el paso de una cultura juvenil relajada y amistosa a una cultura juvenil intensa y competitiva. Era desconcertante. Me preguntaba: «¿Por qué no les caigo bien a los niños del colegio? Tal vez estoy loco. Sin duda, me siento loco. Debe ser eso. Por eso nadie me quiere. No soy normal».

Un domingo, unos amigos de mis padres vinieron a comer después de la iglesia. El marido era psiquiatra. Eso me asustaba. Me preguntaba: «¿Se dará cuenta? ¿Descubrirá mi secreto?». Realmente era una locura, pero no en un sentido clínico. Simplemente, me sentía solo.

Por supuesto, estaba con gente todos los días. Pero «la soledad no es aislamiento. El aislamiento requiere estar solo, mientras que la soledad se manifiesta con mayor agudeza en compañía de otros».[1]

1 Hannah Arendt, *The Origins of Totalitarianism* (Nueva York: Schocken, 2004), 613.

Quizás estés pensando: «Ray, ¿hablaste con tu papá sobre eso? Él te habría ayudado». ¡Lo habría hecho! Fue un padre maravilloso. Pero yo era demasiado inmaduro incluso para considerar esa opción. Así que seguí adelante. Y recién en la escuela secundaria empecé a pensar que por fin pertenecía a algo. Era una hermosa sensación. Pero ojalá hubiera llegado años antes

Este capítulo trata sobre la soledad. Es una de nuestras tristezas más profundas. Pero el Señor también está ahí. «Él nos conduce por caminos que no habríamos previsto, a situaciones que no esperábamos, para cumplir propósitos que nunca habríamos imaginado»;[2] incluso en la soledad de nuestras apretadas agendas, nuestras frecuentes mudanzas y nuestras amistades perdidas. Pero este duro viaje es *Su* viaje para nosotros. Él está con nosotros *en nuestras vidas reales.*

Hasta ahora, hemos pensado en lo que es ser traicionado por otros, y en lo que es estar atrapado en nuestros propios pecados. Pero si hay alguna experiencia que pueda calificarse de «tocar fondo», esa es la soledad. Podemos dar gracias de que Dios nos asegure:

> Yo habito [...]
> *con* el contrito y humilde de espíritu.
> (Isa. 57:15, NVI)

La importancia de la palabra «con»

David French, que escribe en *The New York Times*, hace una audaz afirmación: «Cuanto más marchamos en estos tiempos de ansiedad, tristeza y división, más me convenzo de que la historia más grande, la historia que hay detrás de la historia de nuestras amargas divisiones

2 Sinclair B. Ferguson, *Devoted to God: Blueprints for Sanctification* (Edimburgo: Banner of Truth, 2016), 52. Agradezco a mi amigo Benji Magness por mostrarme esta cita.

y furiosos conflictos, es nuestra pérdida de pertenencia, nuestra creciente soledad».[3]

Tiene razón. Una cosa es que nos encontremos donde nunca soñamos que iríamos, donde la devastación es nuestra nueva realidad, con repercusiones que alteran permanentemente nuestra vida… y de repente, nuestras vidas se parecen a Berlín en 1945, con escombros de bombardeos y ruinas humeantes. Pero si, ahí abajo, *además* estamos sin amigos, malinterpretados, estigmatizados, sin apoyo… bueno, hay una razón por la que el peor castigo se llama «confinamiento solitario».

La soledad es un tormento infernal.

Sin embargo, Dios nos ve. Se preocupa por nosotros cuando nos acostamos en la cama por la noche y miramos por la ventana las hojas de un árbol, preguntándonos por qué no les caemos bien a los niños del colegio, preguntándonos si estamos locos.

Para gente como nosotros, la palabrita «con» es muy valiosa: «Y también *con* el contrito y humilde de espíritu». Esa palabra es perfecta para la gente solitaria. Declara la presencia de Dios, Su cercanía, Su lealtad, Su defensa, Su solidaridad allí donde lo necesitamos. No está alejado, como los dioses griegos en el Olimpo. Ni siquiera está con nosotros pero tapándose la nariz, buscando a Su alrededor una estrategia de salida.

Gracias a la sangre expiatoria de Cristo y a la presencia del Espíritu, el Alto y Sublime habita *con* nosotros, en medio de nosotros, incluso en nuestro caos (Lev. 16:16). Aquí abajo, en el fondo del abismo, está aportando *todo lo que es* a *todo lo que necesitamos.* No podía soportar vernos sufrir solos. Nunca nos dejará ni nos desamparará (Heb. 13:5). Nos sigue diciendo: «No temas, porque Yo estoy contigo» (Isa. 41:10).

3 David French, «Being There», *New York Times*, 24 de septiembre de 2023, https:// www .nytimes.com/

Como hemos visto, Isaías 57:15 es una proclamación de la realeza. El Rey de reyes, el Alto y Sublime, *promete* Su presencia abajo con Su pueblo, en medio de su más extrema necesidad. Los eruditos que escriben sobre Isaías nos ayudan a sentir la fuerza de la firme afirmación de nuestro Señor.

Matthew Henry, en el siglo XVIII, escribió: «El que habita en los cielos más altos habita en los corazones más bajos, y mora en la sinceridad tan ciertamente como mora en la eternidad. En estas cosas, se deleita».[4] Franz Delitzsch, en el siglo XIX, lo expresó maravillosamente:

> El Santo es también el Misericordioso. [...] Los cielos de los cielos no son demasiado grandes para Él, y un corazón humano no es demasiado pequeño para que Él habite allí. El que habita entre las alabanzas de los serafines no desdeña morar entre los suspiros de una pobre alma humana.[5]

Mi amigo John Oswalt, que escribió en el siglo XX, lo dice así: «Ofrece vida a aquellos a quienes la vida les ha sido casi aplastada; ofrece vida a aquellos cuyo espíritu ha sido reducido a la nada. No tienen por qué ser cautivos de su pecado y su vergüenza».[6]

Nuestro tierno Rey sabe que estar *solo* en el fondo del abismo es indeciblemente doloroso. Tiene un vívido recuerdo personal de aquel día sobre Su cruz, cuando dijo: «Dios mío, Dios mío, ¿por qué me has abandonado?» (Mat. 27:46). Él entiende. Por eso es tan importante para *Él* permanecer *con* nosotros.

4 Matthew Henry, *Matthew Henry's Commentary on the Whole Bible*, vol. 4, *Isaiah to Malachi* (McLean, VA: MacDonald, 1985), 332.

5 C. F. Keil y F. Delitzsch, *Commentary on the Old Testament*, vol. 7, *Isaiah* (Grand Rapids, MI: Eerdmans, 1969), 379.

6 John N. Oswalt, *The Book of Isaiah: Chapters 40–66* (Grand Rapids, MI: Eerdmans, 1998), 488.

No todo el mundo se queda. Algunas personas que creíamos amigas simplemente no están a nuestro lado cuando todo está en juego. Y es entonces cuando tocar fondo es algo más que triste. Es aterrador. Ser descartados y olvidados, cancelados y borrados... nuestro sentido de valor se hace añicos. Nos damos cuenta y decimos: «Ellos nunca *fueron* mis amigos. Jamás entendí lo que pasaba realmente. ¿Cómo pude ser tan ciego?». Sin embargo, mientras tanto, su alegre desfile sigue avanzando calle abajo, con las trompetas retumbando y los tambores sonando, como si nunca hubiéramos existido. Porque no existimos. No para ellos. En realidad, no. Y entonces pensamos: «¡No cometeré ese error dos veces!». Nos encerramos en nosotros mismos. Se siente seguro. Pero en verdad, la palabra para ese sentimiento es *tentación*. Estamos siendo tentados a dejar afuera a *Dios*.

¿Qué es un amigo?

Así que retrocedamos y preguntémonos: ¿Qué es un amigo *de verdad*? Respuesta: un amigo de verdad es *incondicional*.

El historiador Donald Miller explica los fuertes lazos de camaradería entre los aviadores estadounidenses que lucharon durante la Segunda Guerra Mundial. No fue el odio al enemigo, sino el amor mutuo lo que forjó su solidaridad. Aquí tienes un ejemplo real de la tripulación de un bombardero:

> Antes de entrar en combate, los cuatro sargentos hicieron un pacto: si uno de ellos se veía en apuros, los demás no lo abandonarían, «pase lo que pase». Semanas más tarde, cuando su avión quedó destrozado por el fuego antiaéreo, el piloto ordenó a todos que saltaran. El artillero de la torreta superior, que no había entrado en el pacto, saltó en paracaídas del avión y más tarde informó de lo sucedido antes de saltar. La metralla enemiga había atascado el mecanismo de liberación de la torreta esférica, atrapando al

artillero en su burbuja de plexiglás. Al no poder sacarlo, los otros tres artilleros, todos ellos ilesos, le dijeron a su amigo atrapado que morirían con él. Y eso hicieron.[7]

La verdadera amistad no es un cálculo de costo-beneficio. Es el compromiso personal, incluso cuando todo se desmorona… especialmente cuando todo se desmorona. ¿No es esa la *mejor* parte de la amistad? Tal vez olvidemos aquella alegre comida al aire libre en una fecha patria con amigos el año pasado. Pero *nunca* olvidaremos la noche en que acudieron al hospital tras nuestro terrible accidente de coche, cómo se quedaron con nosotros durante todo el calvario. *Y Dios es así*. Es incondicional contigo, como tu amigo más íntimo, en todo momento.

Si Dios te quisiera *excepto cuando tu vida implosiona*, entonces sería uno de esos falsos amigos que se alejan cuando permanecer fiel a ti empieza a costarles. Pero Dios es firme, leal, fiel. La Biblia incluso dice que *abunda* en «amor inagotable y fidelidad» (Ex. 34:6, NTV). Es como el géiser «Viejo Fiel», en el Parque Nacional de Yellowstone, rebosante de afecto por ti. Es como el oleaje para surfistas en la costa del sur de California, donde crecí. Todavía puedo ver esas olas que llegan las veinticuatro horas del día, enviadas por tormentas situadas a miles de kilómetros de distancia y por los temblores de la tierra que se producen en el fondo del océano. Nosotros no causábamos esas olas. Lo único que hacíamos era surfearlas. Y el corazón de Dios se mueve de esa manera hacia ti. Tú no causas Su amor. Tu parte es disfrutarlo. Él está *con* los humildes y los contritos, y está contigo.

Sí, nunca quisimos tocar fondo. Pero puede ser difícil encontrar a Jesús en cualquier otro lugar.

7 Donald L. Miller, *Masters of the Air: America's Bomber Boys Who Fought the Air War against Nazi Germany* (Nueva York: Simon & Schuster, 2006), 135. Doy las gracias al P. Bryan White por compartir esto conmigo.

Porque el Señor es excelso,
Y atiende al humilde,
Pero al altivo conoce de lejos (Sal. 138:6).

Otra traducción dice: «pero se mantiene distante de los orgullosos» (NTV). Gracias, fondo del abismo, por destrozar nuestro orgullo y abrir nuestros corazones a Jesús. Malcolm Muggeridge describió vívidamente ese tipo de momento:

> En las tinieblas que se ciernen, todo atisbo de luz se ha apagado por fin, y es entonces cuando la mano de Cristo se extiende segura y firme. Entonces, las palabras de Cristo traen su consuelo inexpresable, y Su luz brilla más, aboliendo las tinieblas para siempre.[8]

La cosa se pone aún mejor. Por la gracia de Cristo, otros a tu alrededor también demostrarán ser verdaderos amigos. Serán Su regalo para ti, y tú para ellos. La presencia *de ellos* contigo traerá la presencia *de Dios* hacia ti.

Por eso Shakespeare nos aconsejó sabiamente:

> Los amigos que tengas, y puesta a prueba su adopción, aférralos a tu alma con anillas de acero.[9]

Nunca sueltes a tus amigos… eso incluye a Cristo. Tu fe se mezclará a veces con dudas. ¿A quién no le pasa esto? Pero mientras pierdes algunas falsas creencias en el camino, *no pierdas a Cristo también.* ¡Aférralos a Él y a tus otros verdaderos amigos a tu alma con anillas de acero!

8 Malcolm Muggeridge, *The End of Christendom* (Grand Rapids, MI: Eerdmans, 1980), 56.

9 William Shakespeare, *Hamlet*, ed. Roma Gill (Oxford: Oxford University Press, 1992), acto 1, escena 3, líneas 62-63.

Nuestro mundo solitario de hoy no es normal

Volvamos a nuestro tema: la soledad. Una de las ironías de nuestro tiempo es lo «conectados» que estamos y, al mismo tiempo, lo solos que estamos. No demos por sentado que nuestra época es una mejora del pasado. No supongamos que nuestro mundo actual es siquiera normal.

Jani y yo vivimos en Escocia en la década de 1980. El director del colegio de nuestros hijos había crecido en una remota isla de la costa oeste de Escocia en los años cincuenta. Solo unos cientos de personas vivían en esa isla. Un día, me describió cómo la gente *tenía* que permanecer unida para sobrevivir.

Por ejemplo, cada mañana, los hombres realizaban tareas en sus propias parcelas. Luego, a las once, se reunían en la iglesia para el «Parlamento», donde juntos decidían qué harían con el resto de su jornada laboral. Tal vez esquilaban ovejas, recogían una cosecha o pescaban en el mar. Pero trabajaban *juntos*. No podían lanzar sus barcas de pesca desde la playa al océano y luego devolverlas a la playa sin ayudarse unos a otros.

Después del trabajo, pasaban las tardes visitándose unos a otros en sus casas, yendo de casa en casa para disfrutar de la conversación. Nadie cerraba la puerta. Ni siquiera llamaban antes de entrar. Abrían la puerta, asomaban la cabeza y decían: «¡Hola, estamos aquí!». Toda la isla era una gran familia. Amigos y vecinos entraban, tomaban asiento, bebían whisky y disfrutaban de una buena charla durante toda la velada. Muchos de los hombres habían servido en la Marina Real y habían visto mundo. Tenían muchas historias que contar. ¡No eran para nada aburridos!

Pero el director también explicó, con tristeza, que en los años sesenta ese hermoso modelo de comunidad se desvaneció. Le pregunté por qué. Dijo: «La televisión llegó a la isla». La tecnología debilitó a la comunidad. Las pantallas sustituyeron a las personas. Los actores se hicieron pasar por amigos. Los guiones suprimieron las conversaciones.

Mi punto es el siguiente: La rica comunidad humana que esos isleños disfrutaron durante mucho tiempo era *normal*. Puede parecernos un cuento de hadas. Pero era real. Y Dios nos creó para caminar por la vida como amigos fieles que permanecen juntos en una verdadera comunidad. Hoy en día, una comunidad humana rica es deseable, por supuesto.

Pero también parece opcional. Estamos tan ocupados y tan cansados. Pero no normalicemos nuestro ridículo mundo actual. No nos sintamos en casa donde no tenemos un hogar. Creo que la gente de aquella remota isla escocesa experimentaba menos soledad que nosotros hoy en día en nuestras modernas ciudades con todas sus ventajas externas. Esto me lleva a preguntarme: ¿qué cultura es más avanzada, la nuestra o la suya?

Dónde —y por qué— podemos pertenecer por fin

En todo nuestro mundo actual, *una iglesia sana* es uno de los pocos lugares que quedan donde la comunidad humana aún puede florecer en rica abundancia. Piénsalo. La «iglesia» no es un punto más en nuestra lista de tareas del fin de semana. Es una isla de humanidad en un mar de soledad. Es la provisión *de Dios* para nosotros. Es una de las principales formas en que cuida de nosotros en nuestro sufrimiento.

Antes, cité el artículo de David French «Being There» [Estar ahí]. En él informa que, entre 1990 y 2021, se cuadruplicó el porcentaje de estadounidenses que dicen no tener amigos íntimos. Sobre todo los hombres tienden a sentirse solos. Pero todos nosotros, hombres y mujeres, ya no *pertenecemos* como antes. Y cuando tocamos fondo, *de verdad* necesitamos comunidad. Entonces podremos empezar a sentirnos menos locos, orientarnos y empezar de nuevo, con esperanza.

He aquí la sorprendente razón por la que una iglesia rica en evangelio es un gran lugar para tu nuevo comienzo: *la doctrina de la justificación solo por la fe.* ¡Y sé que esas palabras quizá no salten de la página! Pero lo digo en serio. Y te digo por qué.

La justificación por la fe —el mensaje *central* de la Biblia— significa que Dios nos restituye en Su favor no porque nos lo hayamos ganado, sino porque Jesús lo ganó por nosotros. Dejamos de intentar llamar la atención de Dios, de demostrarle nuestra valía, de persuadirlo. Renunciamos a nuestras fortalezas y logros. Por fin vemos que tratar de comprar la aprobación de Dios es como usar dinero del Monopoly en una economía del mundo real. Lo único que hacemos, lo único que *podemos* hacer, es recibir, con las manos vacías de la fe, lo que Jesús vale. Entonces, instantáneamente, volvemos a estar bien con Dios, como si nunca hubiéramos pecado. ¡Cuánta gracia! Y eso es la justificación por fe.

He aquí por qué la justificación por la fe nos importa a los solitarios. Esta doctrina no pende en el aire como una mera abstracción. *Crea una nueva experiencia de comunidad aquí entre nosotros.* Todos llegamos de la misma manera: con las manos vacías de la fe, las cuales Dios llena con el rico mérito de Cristo. Nuestra gracia compartida es la razón por la que la Biblia dice: «Por tanto, acéptense los unos a los otros, como también Cristo nos aceptó» (Rom. 15:7). El corazón acogedor de Jesús crea un corazón acogedor hacia los demás. Así que, amigo desolado, ¡bienvenido! Perteneces… sí, ¡*tú*! Perteneces tanto como yo. Jesús lo dice. Sí, puede que hayamos tocado fondo. Pero, sin duda, no tenemos por qué estar solos aquí abajo.

Su gracia nos trae *adentro* —y no a nuestra versión pulida, sino a nuestra versión avergonzada—; Su gracia reúne a un grupo variopinto de pecadores sorprendidos, agradecidos y esperanzados. Bajo la cobertura de la justificación por la fe, compartida por igual, entramos en una verdadera comunidad. ¿Acaso querríamos estar en otro sitio? La gracia de Dios no reina en ningún otro lugar.

Pero la justificación *por obras* destruye la comunidad. Al abrirnos paso por la realidad arañando nuestro camino hacia arriba, demostrando nuestra superioridad, inevitablemente pisamos a la gente y avivamos a cambio el fuego del resentimiento. ¿Y no es ese nuestro mundo de hoy... una debacle despiadada? Este mundo intensifica la soledad.

Jesús vio nuestras despiadadas comparaciones en Su propia época. Lo apenaba. Contó una historia sobre ello «a unos que confiaban en sí mismos como justos, y despreciaban a los demás» (Luc. 18:9). Esas dos dinámicas siempre van juntas: confiar en nuestra propia justicia y tratar a los demás con desprecio. Es cuando miramos a otra persona y pensamos: «Bueno, puede que yo no sea perfecto, ¡pero nunca he caído *tan* bajo!».

De hecho, la frase traducida como «despreciaban a los demás» puede parafrasearse como «ninguneaban a los demás».[10] Es decir: «Tú no cuentas. Es como si no existieras, al menos en mi mundo. Así que te ignoraré y seguiré persiguiendo mis sueños de autoidealización». No es de extrañar que la soledad esté en aumento. La autojustificación consiste en avergonzar a los indignos, en excluir a los marginados.[11]

Pero en una iglesia sana, ¡qué diferente es nuestra experiencia! Entramos y notamos la diferencia de inmediato. El ambiente, el tono, la atmósfera... son sinceros, misericordiosos, relajados y alentadores.

10 Esta línea de pensamiento la sugiere A. T. Robertson, *Word Pictures in the New Testament*, vol. 2, *Luke* (Nashville, TN: Broadman, 1930), 232.

11 C. S. Lewis analiza la receta venenosa de este cóctel en su ensayo «The Inner Ring» [El anillo interior], en *The Weight of Glory and Other Addresses* (Grand Rapids, MI: Eerdmans, 1974), 55-66.

¿Por qué? Porque todos llegan en las mismas condiciones: no con los puños cerrados de la exigencia, sino con las manos vacías de la fe. La justificación por fe significa que no hay élites que viajan en primera clase, con embarque previo y espacio extra para las piernas, mientras que la gente común se hacina en la sección turista. *Todos* están en primera clase, volando a casa por la gracia de Dios en Cristo. Esa *doctrina* de la gracia crea una *cultura* de la gracia: «Por tanto, acéptense los unos a los otros, como también Cristo nos aceptó» (Rom. 15:7). Bienvenido, amigo.

Nuestra cultura hiperindividualista no lo entiende. Nos presiona para «ser fieles a nosotros mismos». ¿Podemos ver lo extraño que es eso? ¿Cómo puede George McFly prosperar bajo el ceño fruncido de Biff Tannen?[12] ¿Cómo podemos «ser fieles a nosotros mismos» mientras nos adoctrina la intimidación de moda de nuestra cultura? Como dijo un hombre: «¿Recuerdas quién eras antes de que el mundo te dijera quién debías ser?».[13] Por eso una iglesia sana es un alivio. Es un oasis de tierna pertenencia. Podemos entrar, bajar la guardia y descansar un rato. Jesús mismo la crea con Su doctrina de la justificación solo por fe. *Él* nos recibe, ¡y Él pone las reglas!

Aquí tienes una sugerencia de seguimiento práctico. Siempre que nos reunamos con creyentes, no estemos mirando nuestros teléfonos. Guardémoslos y mantengámoslos alejados, para mostrar respeto por los demás y estar tan presentes y atentos como podamos. Nuestros momentos juntos son preciosos. Nunca los recuperaremos.

Hace poco, recibí un correo electrónico de mi proveedor de telefonía móvil con esta propuesta: «¡Mantente conectado en más dispositivos!». *¿En serio?* ¿Creen que eso es lo que *quiero*? Ni siquiera me gusta la palabra *conectar*, no cuando se trata de personas. Si arranco la

12 Como en *Volver al futuro*, la película de 1985.

13 A menudo se atribuye a Charles Bukowski, aunque no he podido confirmar su procedencia.

batería muerta de mi auto, *conecto* los cables de arranque a los bornes de la batería. Pero cuando le doy la mano a un amigo, eso es *toque personal.* Es sagrado, glorioso, humano. Internetlandia es una burbuja de relaciones imaginarias, que nos mantiene a los solitarios lejos de la experiencia real y vivificante de estar juntos. No nos engañemos.

El apóstol Juan escribió: «Tenía muchas cosas que escribirte, pero no quiero escribírtelas con pluma y tinta, pues espero verte en breve y hablaremos cara a cara» (3 Jn. 13-14). Si Juan viviera hoy, sospecho que usaría un teléfono básico y pasaría más tiempo disfrutando de un café con amigos en Starbucks. Y nuestro triste mundo sufriría menos soledad.

Nunca estás abandonado

Jesús mira a Sus seguidores a los ojos y les dice: «Ustedes son Mis amigos» (Juan 15:14). Si le perteneces a Jesús, Él te ha recibido en Su círculo íntimo. Puede que te *sientas* solo, pero no *estás* solo. Así que digamos que un ángel en el cielo le pregunta a nuestro Señor de arriba: «Señor, ¿quiénes son algunos de tus amigos allá abajo?». ¿Te das cuenta de que *tu nombre* podría ser el primero que mencione? Él te valora como un amigo personal. Estás en Sus contactos. Sabía de antemano cuánto le costarías, pero no te guarda rencor por ello. Está demasiado feliz como para eso. Está encantado de tenerte cerca.

Pero si no te has decidido a seguir a Jesús, ahora es el momento. Él te está invitando a entrar. Si sientes que tus pecados han sido demasiado horribles para que Él te quiera cerca, considera esto. Benjamin Grosvenor, en un sermón predicado hace más de 200 años, imaginó en voz alta lo que Jesús y Sus apóstoles podrían haber hablado cuando el Señor los envió a evangelizar el mundo. Por ejemplo, ¿qué pasaría si se encontraban con aquel soldado romano que atravesó el costado de Jesús con su lanza (Juan 19:34)? Grosvenor se imaginó a Jesús diciendo esto:

> Si se encuentran con ese pobre desgraciado que me clavó la lanza en el costado, díganle que hay otra forma, una mejor, de llegar a mi corazón. [...] lo atesoraré en ese mismo corazón que ha herido. Encontrará en la sangre que derramó una amplia expiación por el pecado de haberla derramado. Y díganle de mi parte que me causará más dolor rechazando este ofrecimiento de mi sangre, que cuando me lastimó y la hizo salir.[14]

¿Has herido profundamente a Jesús? Yo también. Pero eso no cambia lo que siente por ti. No podría amarte más. Puedes acercarte confiadamente a Él tal como eres. Él te recibirá y te brindará Su amistad. Por fin *pertenecerás.* Y si te alejas, Su desfile no sigue avanzando calle abajo, como si no importaras. No, Él se detiene y espera... anhelante. Y cuando te das la vuelta y vienes hacia Él, ahí es cuando Su fiesta *realmente* se desboca... de Su pura alegría por tenerte allí. *¿Por qué esperar?*

Además, cuanto más tiempo sigas a Jesús, menos solo te sentirás. Él se quedará contigo. Nunca te traicionará ni te cambiará por alguien mejor, no se cansará de ti; tampoco conseguirá un traslado de trabajo y se mudará fuera de la ciudad y buscará nuevos amigos porque está demasiado ocupado. Jesús está aquí y ahora, *a tu favor*, con todo Su corazón. Y no se va a ninguna parte.

Así que tampoco nos demos por vencidos los unos con los otros. Es mucho lo que está en juego en nuestra solidaridad. La Biblia dice que «*somos miembros los unos de los otros*» (Ef. 4:25). ¡Eso significa que no puedo ser yo mismo sin ti! Y dejemos algo en claro. *No* somos como los «miembros» de un club de campo, sino como los miembros de un cuerpo humano: brazos y piernas, ojos y oídos (1 Cor. 12:12-27). Tú y yo encontramos nuestra identidad, felicidad y vitalidad no

14 Benjamin Grosvenor, *Sermons by Benjamin Grosvenor*, ed. John Davies (Isle of Wight: Williams and Smith, 1808), 8. Estilo actualizado.

aislados, sino en estrecho contacto unos con otros. Y nuestras propias diferencias pueden hacernos sentir más vivos.

La Biblia habla de «soportar» a los demás, de absorber pacientemente lo que nos molesta. ¿Cómo podría ser de otra manera? Jesús «llevó el pecado de muchos» (Isa. 53:12). No es de extrañar, pues, que la Biblia diga: «Lleven los unos las cargas de los otros, y cumplan así la ley de Cristo» (Gál. 6:2). Él es la razón por la cual resistimos y nos soportamos unos a otros. Si no le perteneciéramos, seguro que no seríamos tan misericordiosos. Nuestras relaciones serían predatorias. Pero ahora, con Jesús, nuestras relaciones empiezan a parecerse más a Él: cruciformes. Dietrich Bonhoeffer comprendía lo maravilloso que puede ser esto. «Soportar» incluye aceptar las

> debilidades y rarezas de otra persona, que tanto ponen a prueba nuestra paciencia, todo lo que produce fricciones, conflictos y colisiones entre nosotros. Soportar la carga del otro significa implicarse en la realidad creada del otro, aceptarla y afirmarla y, al soportarla, abrirse paso hasta el punto de alegrarse en ella.[15]

Me encanta eso. Cuando supero mi propio egoísmo, las peculiaridades de mis amigos pueden empezar a resultarme francamente adorables. Ese es un avance.

La iglesia cristiana primitiva se atrevió a encarnar esa hermosa comunidad. Y el mundo que observaba no respondió con: «Pero claro. Todo el mundo es así». Todo lo contrario. Se *maravillaban* de los primeros cristianos: «¡Cómo se aman! ¡Cómo están dispuestos a morir unos por otros!».[16] Después de todo, ¿no dijo acaso Jesús: «Yo

15 Dietrich Bonhoeffer, *Life Together*, trad. al inglés: John W. Doberstein (Nueva York: Harper & Row, 1954), 101.

16 Tertuliano, *The Apology of Tertullian*, ed. H. A. Woodham (Cambridge: Cambridge University Press, 1843), 132.

he venido para echar *fuego* sobre la tierra» (Luc. 12:49)? Su amor es la forma en que brillamos juntos, por Su gracia, para Su gloria. En *The Incendiary Fellowship* [La comunidad incendiaria], Elton Trueblood muestra cómo las personas de bajo rendimiento espiritual, como nosotros, pueden experimentar ese milagro:

> Como todo el mundo sabe, es casi imposible crear un fuego con un solo tronco, aunque sea un tronco sano, mientras que varios troncos pobres pueden hacer un fuego excelente si permanecen juntos mientras arden. El milagro de la iglesia primitiva fue que unos pobres palos provocaran un gran incendio.[17]

Podemos ser los pobres troncos que realmente somos. Pero si permanecemos juntos mientras ardemos, el mundo a nuestro alrededor sentirá el calor. Verán que Jesús está realmente aquí entre nosotros, y muchos vendrán a unírsenos. Así que, ¡apúntenme! ¿Tú también?

En nuestro fuego ardiente —una comunidad eclesial sana—, todos son importantes. Todos pueden dar vida. Un cristiano chino perseguido lo dijo muy bien:

> Las partes separadas no tienen un uso especial, no ejercen ningún ministerio, pueden ser fácilmente pasadas por alto o dejadas de lado. [...] Pero con los miembros, es distinto. No pueden ser pasivos en el Cuerpo; no se atreven a quedarse mirando. [...] No podemos decir: «Yo no cuento». No nos atrevemos a asistir a las reuniones como meros pasajeros, mientras otros hacen el trabajo. Somos Su Cuerpo, y miembros en particular, y cuando todos los miembros cumplen su ministerio, ahí fluye la vida.[18]

17 Elton Trueblood, *The Incendiary Fellowship* (Nueva York: Harper & Row, 1967), 107.
18 Watchman Nee, *What Shall This Man Do?* (Fort Washington, PA: CLC, 1961), 113.

Juntos florecemos: con lágrimas y risas, fracasos y éxitos. *¡Y la soledad se larga de allí!*

Es hora de unirnos

Nuestra soledad es una pena que Dios nunca quiso que soportáramos. Derribemos todos los muros de aislamiento creados por nosotros mismos. Liberémonos de nuestros pequeños mundos de miedo y resentimiento. Cristo nos ha hecho Su propio cuerpo. Aferrémonos los unos a los otros hasta el alma *con anillas de acero.*

Si ahora mismo te encuentras en un umbral en el que algo nuevo está muy cerca, C. S. Lewis podría darte un empujoncito para que te acerques: «La amistad es innecesaria, como la filosofía, como el arte, como el universo mismo (ya que Dios no necesitaba crear). No tiene valor de supervivencia, sino que es una de las cosas que dan valor a la supervivencia».[19]

Para mí, el obispo J. C. Ryle define el asunto. Me ayuda a ver lo obvio que no quiero perderme: «Este mundo está lleno de dolor porque está lleno de pecado. Es un lugar oscuro. Es un lugar solitario. Es un lugar desilusionante. El rayo de sol más brillante en él es un amigo. *La amistad divide nuestros problemas y duplica nuestras alegrías*».[20]

¿Cómo podemos entonces cruzar el umbral y entrar profundamente en amistades fieles? Aquí tienes dos pasos.

Uno, llena tu soledad de Jesús con Jesús. Tus amigos no pueden ser lo que solo Él es. ¿Por qué no dejas que tus amigos sean imperfectos y maravillosos mientras tú te apoyas en Jesús como perfecto y maravilloso? Entonces, estarás preparado para tener grandes amigos, que no tienen por qué ser perfectos.

19 C. S. Lewis, *The Four Loves* (Nueva York: Harcourt, Brace, Jovanovich, 1960), 103.

20 John Charles Ryle, *Practical Religion*, ed., J. I. Packer (Londres: James Clarke, 1959), 221. Cursiva añadida.

Dos, vive peligrosamente y entrega tu corazón. Y esas *son* las alternativas: quedarte a salvo en tu soledad o desafiar tu miedo. ¿Por qué no arriesgarse? Si Jesús te ha hecho miembro de Su cuerpo eclesial, atrévete a creerlo y da el paso con uno o dos amigos cristianos de confianza. Reúnete con ellos. Compartan sus sentimientos. David y Jonatán llegaron incluso a establecer un pacto de amistad (1 Sam. 18:1-4). Definieron cómo sería su solidaridad. Tú y tus amigos pueden hacer lo mismo, si eso los ayuda. Sueñen juntos en voz alta con la amistad que tanto anhelan. Luego, lleguen a un acuerdo satisfactorio sobre los nuevos modelos de apoyo que pueden fortalecerlos a todos. En esta vida, tu soledad nunca desaparecerá del todo. Pero puedes ser un amigo profundo de otros creyentes, y tanto tú como ellos se sentirán más vivos que nunca.

Puedes ser impresionante, o puedes ser conocido, pero no puedes ser las dos cosas. ¿Por qué no te acercas a tus amigos en Cristo, y todos juntos se dejan conocer? Dios mismo habitará allí entre ustedes.

Así que dale una patada en los dientes a tu soledad, ¡y diviértete haciéndolo!

Preguntas para la reflexión y el debate

1. ¿En qué momento de tu vida te has encontrado sin amigos, malinterpretado, estigmatizado, sin apoyo? ¿Qué ocurría en tu vida? ¿Qué pasaba en tu corazón?

2. Esa pequeña pero importante palabra «con» en Isaías 57:15… ¿cómo te ayuda esa palabra, esa comprensión, a enfrentarte a tu realidad ahora mismo? Mientras tu mente y tu corazón exploran esa palabra del versículo, haz una lista de tus pensamientos y sentimientos.

3. Vivimos en un universo en el que la realidad suprema no son las leyes de la física, sino la belleza de las relaciones, empezando por el Dios trino. ¿Cómo describirías la belleza que has visto en tus mejores amigos?

4. ¿Qué te llama la atención cuando imaginas la calidad de la comunidad de aquellos isleños escoceses de los años cincuenta? ¿Hay algún aspecto de su solidaridad que desees reproducir en tu propio mundo? Si es así, ¿cuál? ¿Cómo podrías dar el siguiente paso en esa dirección positiva?

5. ¿De qué manera la doctrina de la justificación por la fe eleva a una iglesia a la belleza relacional? A medida que esa enseñanza va calando en nuestros corazones, ¿cómo cambian «las reglas básicas» entre nosotros en la iglesia?

6. David y Jonatán hicieron un pacto. Decidieron ser amigos fieles, incluso cuando fuera difícil. ¿Con quién podrías comprometerte de esa manera? Haz una lista de los amigos cristianos de confianza cercanos a ti que podrían estar dispuestos a formar ese fuerte vínculo de amistad en Cristo. ¿Por qué no los llamas y lo hablan?

7. ¿Qué oración quieres ofrecer a Dios en este momento? ¿Qué es lo que más necesitas de Él *ahora*? Adelante, pídele esa bendición que te ayudará a mantenerte firme y a seguir avanzando.

Porque así dice el Alto y Sublime
Que vive para siempre, cuyo nombre es Santo:
«Yo habito en lo alto y santo,
Y también con el contrito y humilde de espíritu,
Para vivificar el espíritu de los humildes
Y para vivificar el corazón de los contritos».

ISAÍAS 57:15

5

Moribundo

«LAS ESTADÍSTICAS SOBRE LA MUERTE son muy impresionantes», decía el dramaturgo George Bernard Shaw. «Uno de cada uno muere».[1] Tanto los famosos como los desconocidos, los virtuosos como los viles, los fuertes como los débiles: todos tienen una fecha de nacimiento, pero también una de muerte. Sabemos cuándo caen nuestros cumpleaños en el calendario, pero no tenemos idea de nuestro día de defunción. Sin embargo, ese día final está marcado en el calendario de Dios para tu vida y la mía. Él sabe lo que hace, y *está a nuestro favor.* Pero debemos prepararnos ya, porque el tiempo pasa rápido. Demasiado rápido. Tu vida es como el aliento vaporoso que exhalas en una noche fría. Aparece momentáneamente, pero pronto se desvanece (Sant. 4:14). Pensemos en ello *ahora*, mientras aún somos conscientes.

Tal vez nos preguntemos qué sucederá en nuestro último día en este mundo. Tal vez sea un cáncer, un accidente de coche, la guerra, un asesinato o simplemente la vejez. Pero, a menos que Jesús vuelva primero, *vas* a morir. Y no hay fondo más profundo que el colapso final no

1 Citado en «Book Briefs», *Christianity Today*, 27 de febrero de 1976.

solo de tu carrera, sino de tu propia vida. La muerte es el abismo más profundo. Es el lado inferior del fondo del abismo. Y por eso el Alto y Sublime estará tan presente contigo en ese momento de tu muerte.

La Biblia declara:

Estimada a los ojos del Señor
Es la muerte de Sus santos (Sal. 116:15).

La palabra clave es «estimada», lo contrario de algo sin valor o descartable. Cuando llegues a la muerte, y ya no puedas hacer tu trabajo, mantener a tu familia, servir a tu iglesia o hacer algo útil para alguien, y ya no puedas abrirte paso en absoluto, el Señor no te descartará ni te tirará como un pedazo de basura. En ese momento de absoluta debilidad y necesidad, serás *estimado* para Él. Te atesorará, te valorará, se aferrará a ti. Y en ese día, tan significativo para *Él*, cuando llegue ese día, como pronto llegará, entonces el Cristo resucitado te dirá: «Hoy estarás conmigo en el paraíso» (Luc. 23:43).

Es más, si nuestro majestuoso Señor está presente con nosotros en nuestra muerte, y lo estará, entonces sin duda está con nosotros en todos nuestros sufrimientos previos a la muerte. En todos nuestros terribles anticipos de muerte —enfermedades, lesiones, discapacidades, agotamiento, depresión, demencia—, Él nos acompañará, como nuestro aliado, a través de cada experiencia que susurre el firme acercamiento de la muerte. Por muy débiles que nos volvamos, aun así, «*debajo* están los brazos eternos» (Deut. 33:27). No hay manera de que nuestro Señor se mantenga alejado de nosotros en nuestra más profunda necesidad. Ese es el lugar en el que habita más intencionadamente, con una nueva vida que apenas creemos que sea real hasta que la experimentamos por nosotros mismos.

Isaías 57:15 dice que vivifica el *espíritu* de los humildes y el *corazón* de los contritos, aun cuando nuestros *cuerpos* estén envejeciendo y muriendo. De hecho, nuestro Señor resucitado es tan capaz de visitarnos entonces que lo difícil tal vez no sea morir. Sorprendentemente, lo difícil podría ser sobrevivir a la gloria de Su presencia percibida. Por ejemplo, John Nisbet (1627-1685) fue un mártir escocés del evangelio durante lo que los historiadores llaman «los Tiempos de la Matanza». Nisbet fue encarcelado, encadenado, condenado a la horca. Maltrataron su cuerpo. Pero en su espíritu, en su corazón, fue vivificado por el Señor. Esto fue lo que dijo: «A Él le ha placido darme una impresión tan real de gloria indecible que, sin el apoyo constante e inmediato del Dador, ciertamente me abrumaría. Este frágil tabernáculo no es capaz de sostenerse bajo lo que ahora siento».

Pocos días antes de ser ahorcado, experimentó la presencia de Dios tan maravillosamente que exclamó en oración: «¡Ah, que llegue el viernes! ¡Que llegue el viernes! ¡Oh, Señor, dame paciencia para esperar tu tiempo señalado! ¡Dame fuerzas para resistir bajo tu dulce, dulce presencia!».[2]

¿A quién no le gustaría sufrir y morir así? Tal vez Dios nos conceda ese privilegio. Podemos pedírselo.

Perspectivas finales de Isaías 57:15

La maravillosa declaración de Isaías nos ha guiado a lo largo de nuestro viaje juntos. Al ver cómo nos han ayudado las ideas de otros pensadores, quizás te hayas dado cuenta de que me gustan los libros antiguos. ¡Y cuanto más antiguos, mejor! Por ejemplo, el comentario de Campegius Vitringa (1659-1722), el brillante erudito holandés,[3]

2 Jock Purves, *Fair Sunshine: Character Studies of the Scottish Covenanters* (Edimburgo: Banner of Truth, 1990), 91-92.

3 Franz Delitzsch, en C. F. Keil y F. Delitzsch, *Commentary on the Old Testament*, vol. 7 (Grand Rapids, MI: Eerdmans, 1969), 63, llama a la obra de Vitringa sobre Isaías «todavía incomparablemente la más grande de todas las obras exegéticas sobre el Antiguo Testamento». ¡Un gran elogio!

nos muestra la riqueza de ese verbo repetido «vivificar» en las líneas culminantes de nuestro versículo:

> El profeta utilizó dos veces la palabra *vivificar* por su notable énfasis y adecuación. [...] Implica toda obra y toda acción que el Espíritu Santo ejerce, en Su bondadosa disposición, para restaurar el alma del hombre a la integridad, despertando, alentando, santificando y alegrando el alma con un sentido del favor y la presencia de Dios.[4]

Sea cual sea tu necesidad y la mía —y tendremos muchas más necesidades a medida que nos acerquemos al final—, el Espíritu Santo dispone de toda una gama de ayudas y remedios: para empezar, restaurar, despertar, animar, santificar y animar. Todos están incluidos en esa palabra repetida: «vivificar».

Vayamos más atrás. Juan Calvino (1509-1564) fue, cuando menos, un perspicaz estudioso de la Biblia. ¡Un genio absoluto! Esto fue lo que dijo Calvino sobre el poder vivificador de Dios que desciende a los humildes y contritos:

> [Dios] desciende incluso hasta lo inerte, para infundirles nueva vida y formarlos de nuevo. Dos veces menciona expresamente el «espíritu de los humildes» y el «corazón de los contritos», para que sepamos que estas promesas pertenecen a aquellos que, en sus aflicciones, no serán duros de corazón ni rebeldes y que, en resumen, dejarán a un lado toda arrogancia y serán mansos y humildes.[5]

4 Campegius Vitringa, *Commentarius in librum prophetiarum Jesaiae*, vol. 2 (Herborn: Andreae, 1722), 760.

5 Juan Calvino, *Commentary on the Book of the Prophet Isaiah*, vol. 4, trad. al inglés: William Pringle (Grand Rapids, MI: Eerdmans, 1948), 214. He cambiado ligeramente la traducción.

El papel de Dios es dar vida a aquello que no la tiene. Nuestra parte consiste en estar suficientemente muertos para recibir Su toque vivificador. Dios tiene una energía dinámica. Nosotros tenemos un letargo agotado. Ambos van muy bien juntos, siempre que no nos importe permanecer humildes ante Dios. ¡Gracias por la claridad, Juan Calvino!

Por último, yendo aún más atrás, a lo más profundo de la erudición judía de los primeros siglos de nuestra era, el rabino Alexandri ofrece esta sabiduría: «Si una persona común y corriente hace uso de una vasija rota, es denigrante para ella. Pero en cuanto al Santo, bendito sea, todas las vasijas que usa están rotas».[6]

Dios puede usar vasos rotos, e incluso vasos moribundos. ¿Qué más tiene para trabajar? Así que confiemos en Dios mientras afrontamos el futuro desconocido. Nuestro Salvador resucitado ya está presente allí, esperándonos con toda la gracia que necesitaremos momento a momento. Vamos a pensarlo ahora, con esa confianza.

La muerte no es nuestra amiga

Es una tontería sentimental pensar en la muerte como «parte del círculo de la vida»... vaya uno a saber lo que eso significa. Simone de Beauvoir afirmaba con razón: «No existe la muerte natural». Sin rodeos, calificó la muerte de «violación».[7] Cuando muere un ser querido, no es lo mismo que si se muda a otra ciudad. No volverás a estar con esa persona en este mundo. Te arrancan un capítulo de la historia de tu vida, y puede que mucho más que un capítulo. *Sientes* la pérdida. Nunca *dejas* de sentir la pérdida.

La Biblia es sobriamente realista. La muerte entró en el mundo *después* de que se completara la buena creación de Dios (Gén. 1–3).

6 Citado en John Goldingay, *Isaías 56–66:. A Critical and Exegetical Commentary* (Londres: Bloomsbury, 2014), 139.

7 Simone de Beauvoir, *A Very Easy Death: A Memoir* (Nueva York: Pantheon, 1985), 106.

La muerte no es natural. La muerte invadió y vandalizó la gloriosa creación de Dios a través del pecado de Adán (Rom. 5:12). Así que no podemos estar de acuerdo con la muerte más de lo que podemos estar de acuerdo con el pecado.

La Biblia insulta a la muerte como nuestro «último enemigo», que será destruido por nuestro Cristo resucitado (1 Cor. 15:26). Cada día, en este mundo, nuestro poderoso Salvador destruye a Sus enemigos convirtiéndolos en Sus amigos, como tú y yo.[8] Pero se acerca un día en que Jesús resucitará nuestros cuerpos, la parte más humilde de nosotros, estos cuerpos terrenales que arrastramos: levantará *incluso nuestros cuerpos* de la muerte. Él hará que tu cuerpo reviva de nuevo, *mejor que antes.* Resucitarás inmortal; nunca volverás a morir, ni siquiera te cansarás. Y, solo gracias a Jesús, la muerte misma morirá, y «todo lo triste dejará de ser verdad».[9]

Hasta ese feliz día, seguiremos sufriendo. Algún día, pronto, tú y yo nos desplomaremos y moriremos. Pero también podemos saber lo que el corazón de Jesús siente por nosotros a lo largo de todo el camino. Por ejemplo, con los demás dolientes ante la tumba de su amigo Lázaro, «Jesús *lloró*» (Juan 11:35). No negó la muerte. No trivializó el momento con un simplista: «¡Anímense, todos! Lázaro siempre estará con nosotros... en cierto sentido, bueno, más o menos». No, la Biblia dice: «Y cuando Jesús la vio llorando [a María], y a los judíos que vinieron con ella llorando también, *se conmovió profundamente en el espíritu, y se entristeció*» (Juan 11:33). Y Sus sentimientos no cambiaron, como una ola pasajera de emoción.

8 Cuando le preguntaron a Abraham Lincoln por qué parecía conciliador con el Sur, respondió: «¿Acaso no destruyo a mis enemigos cuando los hago mis amigos?». Ver F. Kathleen Foley, «"Lincoln" Seeks to Set the Facts Straight», *Los Angeles Times*, 3 de abril de 1996. https://www.latimes.com/archives/la-xpm-1996-04-03-ca-54372-story.html

9 J. R. R. Tolkien, *The Return of the King*, parte 3 de *The Lord of the Rings* (Boston: Houghton Mifflin, 1994), 930.

La Biblia declara que Jesús fue «*de nuevo* profundamente conmovido» (Juan 11:38). De hecho, otra traducción del versículo 33 dice: «se embraveció en Espíritu» (JBS). Y otra dice: «se enojó en su interior» (NTV).

Cuando Lázaro murió, Jesús estaba más que triste. Estaba *furioso* con la muerte por destruir a Su amigo y romper el corazón de todos los allí presentes. Esta palabra traducida como «se conmovió profundamente» se usaba en griego secular para referirse al resoplido de un caballo.[10] Así que Jesús estaba *echando humo* ante la atrocidad que es la muerte. El Dios de la Biblia es opuesto al Movedor Inmóvil de Aristóteles, que está «poco involucrado en el mundo», ya que nosotros estamos «por debajo de tal atención».[11] B. B. Warfield, el gran teólogo de Princeton, comprendía el corazón tierno e iracundo de nuestro Señor.

> Jesús se acercó a la tumba de Lázaro no en un estado de dolor incontrolable, sino de ira irreprimible. [... El cortejo fúnebre] le mostró conmovedoramente el mal de la muerte, su antinaturalidad, su «violenta tiranía», como dice Calvino. En el dolor de María, contempla la miseria general de todo el género humano y arde de rabia contra el opresor de los hombres. [...] La muerte es el objeto de Su ira.[12]

Así que ya lo sabemos. Jesús *odia* la muerte. Odia *tu* muerte. La muerte de Su amigo Lázaro enfureció a Jesús. Él detesta las depravaciones de la muerte: el dolor, la separación, la destrucción, las

10 *The Cambridge Greek Lexicon*, ed. James Diggle, 2 vols. (Cambridge: Cambridge University Press, 2021), 1:476.

11 Ver Raymond C. Ortlund Jr., *Isaiah: God Saves Sinners* (Wheaton, IL: Crossway, 2005), 101.

12 B. B. Warfield, *The Emotional Life of Our Lord* (Wheaton, IL: Crossway, 2022), 63-66.

lágrimas de los afligidos, la pérdida de los días felices juntos, los años de soledad. Aborrece tanto la muerte que fue a esa horrible cruz para morir nuestra muerte final por nosotros. Gracias a Él, no tenemos que sufrir la muerte segunda ni el infierno eterno (Apoc. 21:8). La muerte es nuestra enemiga, es Su enemiga, y con Su resurrección, Él *derrotó* a Su malvado enemigo, a nuestro enemigo.

Así que, seamos contundentes. Esto es lo que *no* es cierto. No es cierto que nuestra existencia actual sea la vida, y que estemos en camino hacia un vago y sombrío «más allá». Esto es lo que *es* cierto. Nuestra existencia actual es una muerte en vida, y a través de Cristo estamos camino hacia *la vida que es verdaderamente vida*: ¡tanto nuestras almas como nuestros cuerpos vivos con una potencia nuclear para siempre! La muerte, nuestro enemigo, ganará a corto plazo. Pero Jesús, nuestro amigo, ha ganado a largo plazo.

Podemos afrontar la muerte con valentía

Leí en alguna parte que, durante la época victoriana del siglo XIX, la gente hablaba a menudo de la muerte, y el sexo era su tema tabú. A estas alturas, lo dimos vuelta. Hablamos libremente de sexo, y la muerte es nuestro tema tabú. Incluso los *cristianos* rehúyen hablar de la muerte. Pero ¿por qué? ¿Por qué deberíamos temerle a *algo*? Seguimos a nuestro Señor resucitado hacia un futuro rebosante de *vida*.

Con Jesús, la muerte ya no es nuestro fin. La ha convertido en nuestra *liberación*. Así que, Muerte, lamentable perdedora, *¡te sobreviviremos!* ¡Bailaremos sobre tu tumba para siempre (Apoc. 21:4)! Con el poeta John Donne, lanzamos esta burla desafiante a nuestro enemigo:

> Pasado un breve sueño, despertamos eternamente
> Y ya no habrá muerte; Muerte, *tú* morirás.[13]

13 John Donne, «Death, Be Not Proud», https://www.poetryfoundation.org/

Pero por ahora, hasta que nos reunamos en el cielo, celebrando con palmadas y gritando de alegría y bailando como adolescentes de nuevo por la simple felicidad de vivir plenamente para siempre… por ahora, dos cosas a la hora de enfrentar la muerte. Una es obvia, tan solo sentido común. La otra no es tan obvia, pero sí muy valiente.

Obviamente, luchemos contra la muerte todos los días. Queremos vivir para Cristo todo el tiempo que podamos, con todo el vigor que podamos. Así que, en un sentido práctico, tomemos nuestras vitaminas, mantengámonos activos, contratemos un seguro de vida, hagamos testamento… ¡y no enviemos mensajes de texto mientras conducimos! Cubramos todas las bases. Con Jesús, tenemos tanto por lo que vivir, mientras vivimos. Pero estas son medidas obvias. ¡No las descuidemos!

En un sentido no tan evidente, preparémonos también para morir con valentía, incluso de manera admirable. He aquí dos ideas, extraídas de un pasaje oscuro del Antiguo Testamento, que pueden ayudarnos a prevalecer cuando llegue nuestro momento final.[14] La Biblia dice que, cerca del final de la vida de Moisés, Dios le dio una orden sorprendente: «Sube a estos montes […], y mira hacia la tierra de Canaán, la cual doy en posesión a los israelitas. Morirás en el monte al cual subes, y serás reunido a tu pueblo» (Deut. 32:49-50).

La primera reflexión es la siguiente. Tu muerte será tu acto supremo de obediencia a Dios. ¿Captaste la última orden de Dios a Moisés? «*Morirás* en el monte». Moisés obedeció esa orden, por la gracia de Dios. Su muerte, por tanto, no fue su patética y aplastante derrota; fue su obediencia final y triunfante. Fue incluso lo que llamamos una experiencia cumbre: «Morirás *en el monte*».

14 Ray Ortlund, «Friend, You Can Be Ready to Die: Two Ways to Prepare Now», Desiring God, 14 de octubre de 2022, https://www.desiringgod.org/

Sí, la muerte puede ser dolorosa y humillante. Deberíamos esperar eso. Pero podemos esperar algo más que miseria. Si, como Moisés, eres siervo de Dios, tu muerte incluirá una realidad más profunda. El Señor mismo te guiará hasta el día de tu muerte y a través de ella, y tú lo seguirás. *Morirás obedeciendo a Jesús.* Por eso estás leyendo este libro ahora mismo. Lo amas, y Él te ama también. Ninguno de nosotros es tan bueno viviendo y muriendo como cristiano. Nos tomamos muy en serio todo lo que tiene que ver con Él, como Él también hace con nosotros. Y mi punto es este: en el día de tu muerte, *todavía* estarás siguiéndolo con fidelidad y obediencia. Lo seguiste con un primer paso, y lo seguirás con un último paso. Y mientras piensas en ello, no te preocupes por fallarle en ese momento final. El que te manda también te llevará en Sus brazos. *Y glorificarás a Dios con tu muerte.*

¿Recuerdas cuando Jesús predijo la muerte de Pedro? La Biblia dice: «Esto dijo [Jesús] dando a entender la clase de muerte con que Pedro glorificaría a Dios» (Juan 21:19). Pedro no *simplemente* murió; *glorificó a Dios* con su muerte. Lo hizo a pesar de que no tenía ningún control sobre la forma en que murió (Juan 21:18). Y, mi querido amigo cristiano, tú también glorificarás a Dios con tu muerte.

¿Tu papel en todo esto? La Biblia responde a esa pregunta: «Y habiendo dicho esto, le dijo: "Sígueme"» (Juan 21:19). Pedro no tuvo que orquestar un escenario dramático ni poner a los actores en su sitio y ensayar y hacer que todo sucediera. Lo único que Pedro tenía que hacer para morir glorificando a Dios con su muerte era seguir a Jesús, un día a la vez, hasta el final. Y Jesús te está diciendo lo mismo hoy: «Tu muerte glorificará a Dios. ¿Cómo? Yo me encargaré de eso. Tu parte es seguirme paso a paso. ¿Está bien?».

Lejos de ser una grandiosa proeza humana, una muerte que glorifica a Dios es básicamente sencilla. Sigue fielmente a Cristo ahora mismo, y Él pondrá Su gloria sobre ti entonces. Los ángeles del cielo, que contemplan el despliegue de Su gracia en ese momento conmovedor, estallarán vitoreando, gritando y aplaudiendo. Entonces, *totalmente* locos de alegría, harán una gran ovación de pie para verte atravesar las puertas de perla hacia el cielo, con la mayor sonrisa que jamás hayas exhibido, el semblante radiante de una felicidad que ni siquiera existe en este mundo. Tu Señor y Salvador, Jesucristo, se adelantará para recibirte. Tú harás una reverencia. Él te sonreirá. Puede que incluso proclame un día especial en tu honor en la Ciudad Santa. Y puede que se te ocurra pensar: «¿Mi muerte? ¡Seguro que no fue mi fin! Ni siquiera resultó ser un mal día. Gracias a Jesús, mi Rey, mi muerte se convirtió en mi puerta de entrada a esta alegría que anhelé todos esos años en el triste mundo de abajo. Mi muerte fue el privilegio culminante de todo mi viaje terrenal». Liberado de esta vida, irrumpirás en la presencia de Dios con una felicidad fuera de serie.

Mira lo que dice la Biblia: «Porque todo es de ustedes: [...] el mundo, o la vida, o *la muerte*» (1 Cor. 3:21-22). Tu vida es un regalo de Dios. Y tu muerte será un regalo de Dios, que te abrirá todo lo que más profundamente anhelas.

Mi papá murió de fibrosis pulmonar. En sus últimos años, sus pulmones se endurecieron y se curtieron, y no podían procesar el oxígeno. Sentía como si estuviera bajo el agua, luchando por respirar todo el tiempo, especialmente cuando se esforzaba. Un día de 2007, en sus últimos días en su casa de California, le costaba mucho recuperar el aliento. Mamá lo encontró desplomado en el suelo. Por supuesto, ella se angustió muchísimo. Y entre sus intentos de tragar una bocanada de aire, Papá le dijo: «No, Anne, no. Es un regalo. Esto es un regalo». Varios meses después, Papá murió. El día de su muerte, la familia se reunió alrededor de su cama en el hospital. Leyeron las Escrituras. Cantaron himnos. Papá pronunció la bendición de Aarón sobre la familia (Núm. 6:24-26). Inclinó la cabeza y murió, glorificando a Dios.

No sé, por supuesto, si tú y yo tendremos la oportunidad de hablar así a nuestras familias cuando nos llegue la hora. Pero sí sé lo siguiente: podemos estar *preparados* para una muerte que glorifique a Dios, como Él la desee. Nuestra parte es decidir ahora que, por la gracia de Dios, mientras conservemos la claridad mental, *lo adoraremos*. Y cuando ya no podamos hilvanar un pensamiento coherente tras otro, entonces *nos llevará en Sus brazos*... todo el camino a casa.

No le ganamos a la muerte enmascarando sus ganancias con cirugías plásticas. No nos imponemos levantando un frente audaz con pura fuerza de voluntad. En los últimos momentos de Beethoven, por ejemplo, «él abrió momentáneamente los ojos, levantó la mano derecha y la cerró en un puño. Cuando su mano se desplomó luego de este esfuerzo, Beethoven murió».[15] En cambio, prevalecemos sobre la muerte confiando y alabando a Dios *a través* de la muerte. Él será glorificado. Y nosotros seremos felices.

He aquí un resumen clásico de este cristianismo práctico, momento a momento, pase lo que pase:

> Por tanto, hermanos, les ruego por las misericordias de Dios que presenten sus cuerpos como sacrificio vivo y santo, aceptable a Dios, que es el culto racional de ustedes. Y no se adapten a este mundo, sino transfórmense mediante la renovación de su mente, para que verifiquen cuál es la voluntad de Dios: lo que es bueno y aceptable y perfecto (Rom. 12:1-2).

¿Cuál es el punto aquí? Cuando nuestras mentes se renuevan con las ideas del evangelio, sucede algo grandioso. Empezamos a descubrir

15 Maynard Solomon, *Beethoven* (Nueva York: Schirmer, 1997), 381.

lo buena, aceptable y perfecta que es realmente la voluntad de Dios: buena, aceptable y perfecta *para nosotros*, incluso cuando nos debilitamos y morimos. «No, Anne, no. Es un regalo. Esto es un regalo».

Tu felicidad ya no se limita a la estrechez de un ataúd. Tu futuro es tan grande como los cielos nuevos y la tierra nueva, ese lugar eterno que te está preparando tu Rey resucitado (Juan 14:2-3). Tu esperanza no es mezquina y pequeña… como vivir una vida ideal y de diseño aquí en este mundo. Así de grande es tu futuro en Cristo: «En el hogar de mi Padre, hay lugar más que suficiente» (Juan 14:2, NTV)… ¡suficiente espacio para que vivas y corras libre y descubras y disfrutes *al máximo* para siempre! Tu futuro es un mundo renovado, con una raza humana renovada de cada tribu, lengua, idioma y cultura, todos reunidos en la gloriosa presencia de Dios, festejando como este triste mundo no puede imaginar (Apoc. 7:9-12).

Cualquier camino terrenal que nos lleve *allá* nos parece bien. Cuanto más caminamos con Cristo, más encontramos un deseo dominante que mueve nuestros corazones: «a fin de conocerle, y el poder de su resurrección, y la participación de sus padecimientos, llegando a ser semejante a él en su muerte, *si en alguna manera* llegase a la resurrección de entre los muertos» (Fil. 3:10-11, NTV). Pablo no está hablando de ganarse el camino al cielo. Se está apuntando a *cualquier cosa que sea necesaria* para conseguirlo. Nosotros también. ¡Lo *peor* que puede hacer este mundo es enviarnos al cielo!

Tu futuro es *magnífico*.[16] Y solo está a un suspiro de distancia. De hecho, dada la gloria del futuro eterno de todo creyente, nunca he visto un funeral cristiano que haga justicia a la magnitud del momento. Por supuesto, hagamos que cada funeral cristiano sea lo más significativo posible. Un pecador comprado con sangre acaba

16 Los párrafos siguientes proceden de Ray Ortlund, «*Friend, You Can Be Ready to Die*» [Amigo, puedes estar preparado para morir].

de pisarle el cuello a Satanás y ha saltado a la felicidad eterna, ¡por la gracia de Dios, para la gloria de Dios! Y el día de tu funeral, este mundo ignorante seguirá su fatigosa marcha. Pero tu familia creyente y tus amigos de la iglesia entenderán lo que realmente está pasando. Y se alegrarán… llorarán y se regocijarán.

Aquí está nuestra otra reflexión de la muerte de Moisés. Tu muerte será tu acto final de obediencia a Dios en este mundo. Y aún más, tu muerte será tu feliz encuentro con los santos en Su mundo mejor de arriba. Cuando Dios ordenó a Moisés que muriera, también enriqueció sus expectativas sobre su muerte: «Morirás en el monte al cual subes, *y serás reunido a tu pueblo*» (Deut. 32:50).

Estar con nuestro Señor en lo alto es la máxima experiencia humana. Pero Él mismo incluye en ese sagrado privilegio «la comunión de los santos», para citar el Credo de los Apóstoles. Cuando mueras, serás «reunido con tu pueblo»: todos los creyentes en Jesús que te han precedido en la presencia inmediata de Dios. Ellos son *tu* pueblo. Y vivirás feliz entre ellos para siempre.

El cielo no será un lugar solitario donde estén solo tú y Jesús. Estarás entre muchísimos otros rodeando Su trono de gracia, todos glorificándolo y disfrutándolo juntos con eufórico entusiasmo. Ahora mismo, en este mundo, somos «la iglesia militante», según la expresión tradicional. Estamos inmersos en un poderoso conflicto. Pero incluso ahora, somos uno con «la iglesia triunfante» de arriba. Y en el momento en que morimos (para cambiar la metáfora), rodeamos la tercera base y corremos hacia el *home*, entre los gritos de júbilo de todo el equipo que nos espera allí, mientras marcamos nuestro jonrón.

Piensa en la vida juntos en medio de esa felicidad compartida allá arriba. Nada de amistades rotas, ni siquiera distanciamientos incómodos. Todos estaremos unidos ante Cristo en una celebración de Su salvación demasiado gozosa para que cualquier egoísmo se cuele en nuestros corazones. La queja desaparecerá. La vergüenza se desvanecerá. La ternura y el respeto marcarán la pauta. Te *caerá bien* todo el mundo allí, y le caerás bien *a todo el mundo* también. Cada persona que conozcas te parecerá tu nuevo mejor amigo para siempre. Por fin serás valorado, comprendido, estarás seguro. Nadie te echará ni te maltratará... ¡no en presencia del Rey! Y nunca más, ni una sola vez, ni siquiera un poquito, decepcionarás a nadie ni herirás sus sentimientos. Serás *magnífico*, como todos los que te rodean, porque Jesús pondrá Su gloria sobre todos nosotros. Alcanzaremos «la gloria de nuestro Señor Jesucristo.» (2 Tes. 2:14).

Incluso en esta vida, ya hemos llegado a «la Jerusalén celestial, y a miríadas de ángeles, a la asamblea general e iglesia de los primogénitos que están inscritos en los cielos» (Heb. 12:22-23). Todos los seguidores de Jesús están allí, ahora mismo, en el reino invisible. Está a solo centímetros de distancia. Y al instante siguiente de tu último aliento en este mundo oscuro, despertarás a ese mundo brillante de arriba. Te darán la bienvenida. Puede que Martín Lutero se ría mientras te estrecha la mano enérgicamente. Elisabeth Elliot podría sonreír mientras te ofrece una taza de té. Descubrirás lo bien que se siente pertenecer *profundamente*, y tu alegría no tendrá fin.

¿Por qué nosotros, ciudadanos de esa ciudad eterna de arriba, deberíamos temer la muerte terrenal aquí abajo? Por fe en las promesas de Dios en el evangelio, preparémonos ahora para afrontarla entonces con serena confianza.

Preparémonos... ahora

La Biblia declara: «Está decretado que los hombres mueran una sola vez, y después de esto, el juicio» (Heb. 9:27). ¿Estás listo? Puedes estarlo. Te diré cómo.

Apuesta tu eternidad no a tu obediencia, a tus logros ni a tus virtudes, sino que apuesta toda tu esperanza solo a la obra expiatoria de Jesús. Él vivió por ti la vida virtuosa que no has podido vivir, y murió por ti la muerte expiatoria que ni siquiera eres capaz de morir. Dios te ofrece, de forma gratuita y para siempre, a Jesús como tu mejor «tú». Cuando te presentes a las puertas del cielo y el ángel de turno te pregunte por qué debería dejarte entrar, puedes responderle: «No puedo darte ninguna buena razón para que alguien como yo pueda entrar ahí. Pero si le avisas a Jesús que estoy aquí, *Él dijo que me haría entrar*».

Si tomas a Jesús como tu única esperanza para el día del juicio, *serás* juzgado en ese día: juzgado como *justo*, calificado, revestido de Jesús mismo. ¿Qué te parece? ¿Pondrás toda tu esperanza solo en Jesús? Él no te defraudará. Es suficiente... para siempre.

Entonces, con el cielo abierto de par en par para ti, ¿por qué no esperar con ansias el día de tu muerte? Tu muerte será «apenas un pasaje para salir de una prisión y entrar a un palacio».[17] Cuando Dios te dé la orden: «Muere», puedes decir: «¡Sí, Señor! ¡Por fin!». Y te ayudará a obedecerle incluso entonces... especialmente entonces.

John Wesley, el fundador del movimiento metodista, dijo: «Nuestra gente muere bien. El mundo puede criticar nuestras opiniones, pero no puede negar que nuestra gente muere bien».[18] ¿Cómo podría ser de otro modo? Jesús nos está preparando un lugar, ¡y no vemos la hora de llegar!

Peter Kreeft nos ayuda a aferrarnos a la audacia de nuestra esperanza. Esta es la esperanza que ahora tenemos en Cristo:

> Supongamos que tanto la muerte como el infierno fueran completamente derrotados. Supongamos que la pelea estaba arreglada. Supongamos que Dios te llevara en un viaje de bola de cristal a tu futuro y vieras con certeza indudable que, a pesar de todo —tu

17 John Bunyan, citado en Leroy Garrett, «The Abolition of Death», *Restoration Review* 31, n.º 3 (1989): 45, https://digitalcommons.acu.edu/

18 Citado en J. C. Ryle, *The Christian Leaders of the Last Century* (Londres: Nelson, 1869), 173.

pecado, tu pequeñez, tu estupidez—, podrías obtener el deseo más profundo de tu loco corazón: el cielo, la alegría eterna. ¿No volverías sin miedo y cantando? ¿Qué puede hacerte la tierra si tienes garantizado el cielo? Temer la peor de las pérdidas terrenales sería como si un millonario temiera la pérdida de un céntimo... menos, un rasguño en un céntimo.[19]

Durante la Segunda Guerra Mundial, un periodista le preguntó a C. S. Lewis qué haría si la aviación alemana lanzara una bomba atómica sobre Inglaterra y Lewis la viera caer directamente hacia él. «Si tuviera un último pensamiento, ¿cuál sería?», preguntó el periodista. Lewis respondió que miraría a esa bomba, le sacaría la lengua y diría: «¡Bah! Eres tan solo una bomba. Yo soy un alma inmortal».[20]

Tienes todo el derecho, en Cristo, a esa audaz libertad de corazón. Es la gloria de Dios descansando sobre ti, y sobre mí, mientras nos enfrentamos a la muerte. Y pronto será tu turno, y mi turno. Seguiremos a nuestros muchos amigos en Cristo a través del valle de sombra de muerte, hasta llegar a la casa del Padre. Jesús mismo irá con nosotros a cada paso del camino. Conoce bien ese valle. También lo transitó.

No hay abismo demasiado profundo para Jesús.

Y eso sí que es una buena nueva, ¿no?

Preguntas para la reflexión y el debate

1. Mientras completamos nuestros descubrimientos sobre Isaías 57:15, ¿cuáles son tus conclusiones favoritas de este versículo? ¿Y qué ideas crees que te ayudarán más el resto de tu vida?

19 Peter Kreeft, *Heaven: The Heart's Deepest Longing* (San Francisco: Ignatius, 1980), 183.
20 Peter Kreeft, *Christianity for Modern Pagans* (San Francisco: Ignatius, 1993), 56.

2. Elabora una lista de contrastes entre las ideas de nuestra cultura sobre el envejecimiento y la muerte y las ideas de la Biblia sobre el envejecimiento y la muerte. ¿Cuáles son, para ti, las diferencias *prácticas* que suelen presentar estos dos puntos de vista?

3. ¿Qué nuevos pensamientos sobre la muerte y sobre Jesús se abren ante ti a partir de Su experiencia en la tumba de Lázaro en el capítulo 11 del Evangelio de Juan?

4. ¿Cómo cambia la Biblia tu forma de pensar sobre tu propia muerte en este mundo? ¿Qué temores elimina la Biblia de tu corazón? ¿Qué esperanzas inspira en tu corazón?

5. ¿Cómo nos dan *valor* las emocionantes promesas del evangelio mientras vivimos y morimos en este mundo turbulento? ¿Qué diferencias prácticas e incluso hermosas supone ese evangelio para las personas que sufren y mueren como nosotros?

6. Mientras te enfrentas a las incógnitas de tu propio futuro, ¿estás asentado en Cristo? ¿O estás apostando a tu propio ingenio y suerte? ¿Hay algo que te impida apostarlo todo por la gracia de Cristo para los pecadores que sufren, como todos nosotros? ¿Por qué no confiar decididamente en Él *ahora*?

7. ¿Con qué oración te gustaría finalizar tu experiencia de *Buenas nuevas cuando tocas fondo*? ¿Qué deseas decirle a Dios *ahora*? No dejes pasar este momento sin sellarlo con una oración al Alto y Sublime, que está tan cerca de ti en este momento.

Conclusión

Compromiso personal

Con una bendición

Querido Señor y Salvador Jesucristo,
Pongo toda mi debilidad ante tu fuerza,
mi fracaso ante tu fidelidad,
mi pecaminosidad ante tu perfección,
mi soledad ante tu compasión,
mis pequeños dolores ante tu gran agonía en la cruz.
Te ruego que me limpies, me fortalezcas, me guíes,
para que, en todos los sentidos, pueda vivir mi vida como tú quieres,
sin cobardía y solo para ti.
Muéstrame cómo vivir en verdadera humildad, verdadera contrición y verdadero amor. Amén.[1]

1 *The Book of Common Prayer* (Huntington Beach, CA: Anglican Liturgy Press, 2019), 674.

____

(firma)

____

(fecha)

Y la bendición del Dios Todopoderoso —Padre, Hijo y Espíritu Santo— esté y permanezca contigo, ahora y siempre. Amén.

Reconocimientos

TENGO UNA PROFUNDA DEUDA DE gratitud con mi querida esposa, Jani, por sus fieles oraciones y su inagotable aliento. «En ella confía el corazón de su marido» (Prov. 31:11). Eso es lo que la Biblia dice de «la esposa valiente».[1] Esa eres tú, cariño. Gracias.

La Junta Directiva de Renewal Ministries —David y Ashley Edwards, Byron y Anne Morris, John y Melinda Perry, Howard y Dawn Varnedoe— ejerce una sabia supervisión. «La seguridad está en tener muchos consejeros» (Prov. 11:14, NTV). Me siento seguro con ustedes, amigos. Gracias.

Gena Mayse, nuestra asistente en Renewal Ministries, trabaja diligente, alegre y sabiamente entre bastidores. Me has brindado una continua ayuda «con lo necesario para mi viaje» (Rom. 15:24, NTV). Gracias, Gena.

Sam Allberry, uno de los pastores de la Iglesia Immanuel, puso en marcha este libro. Me invitó a dar una serie de charlas en el ministerio de los miércoles por la noche. Y —*¡voilà!*— aquí están. «Hay amigo más unido que un hermano» (Prov. 18:24). Ese eres tú, Sam. Gracias.

1 Bruce K. Waltke, *The Book of Proverbs: Chapters 15–31* (Grand Rapids, MI: Eerdmans, 2005), 520-21.

Andrew Wolgemuth, mi agente, es un ejemplo de «participación en el evangelio», fiel, alegre y diligente (Fil. 1:5), con estándares elevados en todos los aspectos. Gracias, Andrew.

Lawrence Kimbrough, un sabio amigo, me rescató de algunas meteduras de pata, sobre todo en el capítulo 4. «Dulce para su amigo es el consejo del hombre» (Prov. 27:9). Gracias, Lawrence.

Ha sido un placer trabajar con el equipo de Crossway. En este mundo de malas noticias, he aquí un editor

> que trae buenas nuevas,
>   [...] que anuncia la paz (Isa. 52:7, NVI).

Gracias, amigos.

Thom Notaro, un brillante editor del equipo de Crossway, revisó mi manuscrito en forma minuciosa. Es «un hombre diestro en su trabajo» (Prov. 22:29). Gracias, Thom.

Por último, pero no por ello menos importante, este libro está dedicado a la gente de la Iglesia Immanuel, en Nashville, y a la gente de la Iglesia Anglicana St. Patrick, en Murfreesboro, las iglesias más amorosas que he conocido. A menudo encuentro «confortante reposo con ustedes» (Rom. 15:32). Gracias, queridos amigos.

Índice general

Índice escritural